皇《オウ》の時代への大転換期

大人のための自立共育

小山内洋子

コスモ21

カバーデザイン◆平本祐子

はじめに

この理論の生みの親、小笠原慎吾さんに初めてお会いしたとき、小笠原さんから「この理論の本を書いてね」と言われたことは、これまで出版された本に書きました。

それから数年後のある日、また小笠原さんから「小山内さん、教育の本を書いてよ」と頼まれました。私は「子どもを産んでいませんし育ててもいません。教育の現状もどうなっているか全くわかりませんので」とすぐその場でお断りしました。当時、正直なところ、教育は教育の専門家にお任せするほうが良いと思っていたからです。

すると、「だから書けるの。自分に子どもがいると、情が入るから本当のことが書けない」というのです。

一九九〇年代当時、学級崩壊、登校拒否のニュースが連日流れていました。小笠原さんは「学校は自分に不要な知識や常識すなわちゴミを入れる所、行かなくていい」とずーっと言い続けていました。

小笠原さんは逝去されて、私は理論書や一般書に、教育の項目でそのことを書きました。

しかし書いた二〇一二年当時は、まだ世間では「登校拒否」とか「不登校」ということばはネガティブに捕らえられていましたので、書いたものの、怖さはありました。

ところが、出版後本の内容で一番反響があったのが、学校に行かないお子さんを持つお母さんたちの「この本を読んで安心しました」という声でした。

周りからの同情で肯定されていたけれど、この本は理論的に書かれているので、納得できましたというのです。「今迄、子どもが学校に行かなくなったのは、私の育て方が間違っていたのではないかと、ずーっと悩んでいました」と、皆さん涙ぐまれます。

そして、学校に行けないことはまだ皆さんひた隠しにされていました。

私に「教育の本を書いてください」という要望も多く寄せられるようになりました。けれど、その時も私は、教育本を全く書こうとは思いませんでした。

あれから約一〇年を経て、世間の受け止め方も大部変わり、「不登校」ということばも聞きなれていましたので、私自身「不登校」は当たり前になっていたのですが、どうやら家庭内の受け止め方はそうではないようなのです。

二〇二一年二月から東京で、二〇二二年六月から地方で私とファンの方々との交流会が始まりました。その交流会で一番多く寄せられる質問が、「不登校」の問題です。一〇年前と何も変わらず親御さんたちが相当悩んでいることに、私は本当に驚きました。

それらの質問を受けているうちに、一つの共通する問題が見えてきました。学校に行かない問題は当のお子さんではなく、親御さんの問題であることに気付いたのです。なぜなら、寄せられる質問の中では「私は学校へ行って欲しいので悩んでいます」という親御さんの気持ちだけが延々と綴られているだけで、お子さんはどう思っているのか、どうしたいのか、お子さんとゆっくり話し合った様子が全く感じられないからです。しかも、質問をいただいたすべてのケースが同じなのも驚きました。

こうして、二〇二二年が暮れました。

今年二〇二三年が明けて地球の銀河系からプラスの星に変わったと思った瞬間、今年は何かわからないけれど、私にとって飛躍の年になると熱いものが込み上げてきたのです。

そして一月、ある地方の交流会で、「不登校」をテーマに親御さんとお子さんたちの会に出向き、その会がきっかっけで、今年は〝教育〟に心を寄せていこうと思いました。

二月に入って私は全国交流会主催者のライングループをつくりました。

そこで私は一つの問題提起をさせていただきました。「教育」に代わる皇の時代にふさわしい名称がありませんか、と呼び掛けたところ、「共育」が良いのではと寄せられました。私も「共育」にピンときました。

なぜなら、この転換期から時代の流れに従い、子どもは社会で共に育むように変わるからです。

今迄、そして今もなお学校教育の構造はピラミッド型で、文部科学省をトップに教育委員→校長先生→各教師という構図になっていて、いずれもトップの文部科学省の意向に従わなければなりません。現場の教師は通学していない生徒の心の変化や、時代の移り変わりを肌で感じ、今の教育の在り方に疑問を感じているのですが、どうすることもできないと尽きぬ悩みを私に打ち明けてくれました。

最近、あるテレビ番組でひとりの教師の「学校は生徒をもっと遊ばせないとダメ。学校は遊びの場」という発言に、私は釘付けになりました。他にもそのような教師がちらほら出現していて、教師個人としては変わりつつあると感じるのです。

もう一方の家庭教育においては、学校に行かない子に対する親御さんの受け止め方は、溜息が出るほど悲惨な状況です。親は我が子が学校に行かないことを受け入れられないのです。

さらに、世間では学校へ行かれない可哀想な子という意味で「不登校児」と呼びます。

ところが、この理論の視点からいえば、不登校児と呼ばれている子は、〝異次元世界〟に生きている子なので、三次元世界に存在する学校に行く必要がないから行かないのです。

私が出会った異次元の子の発言を紹介したいと思います。

ある地方の交流会に行ったときのことです。その会場に大人一〇名、五歳から一五歳のお子さん五名が参加していました。お子さんたちは一緒に座席の配置やお茶運び、親睦会の食事などのお手伝いをしてくれました。

親御さんたちは、お子さんも一緒に席について私の話を聞かせたい様子でしたが、子どもたちは広い会場の一番後ろで私に背中を向け、壁に向かって一列に並び大人しく遊んでいました。親御さんたちが私に申し訳なさそうにしているので、私は「お子さんたちは必要ないから遊んでいていいの」と伝えました。すると、一五歳の女子のお母さんが私にそっと告げました。

『娘が「私が一緒に座ったらママ、思いっ切り吐露できないでしょ、泣けないでしょ。だから私は後ろにいるから」と言ったんです』

さらに帰宅後、「ママたちは洋子さんのああいう話を聞かないとわからないいんだね。私は知ってるよ」と言われたとか。

その親御さんが私に「不登校の子どもたちは居場所がなくて可哀想なんです。だから早く居場所をつくってあげないと……」と言われました。私は「それは違う。全然可哀想ではない。異次元の子なんですから……」と。すると、「娘にも、私たち不登校の子を可哀想と思っているでしょ、と言われた」とのこと。

もう一人の七歳児の話です。母親が掃除をしながら怒ったそうです。そのあと母親は反省して「さっきはごめんね。ママがイライラしてて……」と言うと、「ウウン、ママの学びでしょ、僕の学びだね」と言ったそうです。

いかがですか。異次元世界の子は大人より大人です。私は常々、親御さんに「わからないことがあったら、お子さん（特に学校に行っていない子）に聞いてください」

と言っています。

皇の時代を迎える前のこの大転換期に、学校も家庭も次第にその役割を変え、お子さんは社会が共に育むことになりますが、お子さんを共育する側の大人の自立がまず必要だと思いました。もっと言えば、大人は子どもに育てられていますが、そのことに気づいていません。今の学校教育のピラミッド型の構造問題の変化をひたすら待ち続けているところです。

二〇二三年、地球は銀河系からプラスの星に変わってきます。一番下の一二段階目がプラスに変わるのが一二年後の二〇三五年であると、私は考えています。この一番下に存在する方々が政治家と官僚です。世の中を動かしているトップの方々の思考がプラスにならなければ、大きな変化は望めません。

けれど、その前にプラスに変わった人々は変化を起こせますので、学校教育に携わっているすべての関係者は少しでも、異次元世界に生きる子の個性を潰さないように願うばかりです。

ある方が「うちは子どもがいないから教育に興味がない」と言いました。そういう本人は妻の言いなりになっています。家庭における問題は各々が自立できていないこと。お互いもたれ合い、一人では寂しくて居られない。

けれど、これからの皇の時代は自立した人だけが生きられる時代です。それ迄に老若男女、大人、子ども、すべての人が自立を済ませておかなければなりません。

そして、皇の時代は自立した人が魂職に出合い、磨きをかける「習育」へと移行していきます。

もう一つ大事なことを思い出しました。

祖の教育というのは、ワワハという方の直接のコントロール下にあるものです。代わって皇の時代の習育は、ワインという方の直接のコントロール下にあるのです。祖担当のワワハも皇担当のワインという方も、共に宇宙のすべてを知り尽くした知量一〇〇パーセント以上、知質一〇〇以上という凄い方です（ちなみに、小笠原さんが主に交信していた方がワワハという方でした）。そして、平成一四年から祖担当のワワハから、皇担当のワインという方に交代しました。

私の本はワインさんの本ということになります。皇の共育はそのワインさんの直接のコントロール下にあるのですから、今迄の教育もこれからの共育もいかに大事なことかがわかります。そんなすべての人に関わることを何とかしなければと思い、本を出したいという思いに至りました。

本書は私の著書『これから二五〇〇年続く皇・縄文時代　改訂版天縄文理論』『大転換期の後・皇の時代』（共にコスモ21刊）、『いよいよはじまる、皇の時代　天縄文理論はどのように生まれたのか』（エム・エムブックス刊）、動画（戦略思想研究所）の中の教育の部分をそれぞれ抜粋してまとめたものです。

これから生きるすべての皆さまの自立に、少しでもお役に立てたら幸いです。

皇の時代への大転換期　大人のための自立共育……もくじ

第二章

祖の教育

第三章

転換期の「自立共育」

第四章

自然（大宇宙の大いなる働きのすべて）

第六章

自立に必要な自分の協力者

第七章

私たちは何のために生まれてくるのか

第八章

皇の時代の「魂職習育」

第一章

宇宙プログラムによる時代の変化と特徴

天縄文理論とは

共育の話を始める前に、まず天縄文理論の基礎を書きたいと思います。最近、地球規模で天変地異や悲惨な事件、事故が多発しています。

さらに、近未来に未曾有の天変地異が予想され、人々の不安は頂点に達していて明らかに、今迄とは違う変化を多くの人が感じ始めています。

では、実際何が起きているのでしょうか。研究により、次のようなことがわかりました。

世の中というのは、世の中を動かしている宇宙のルール、宇宙プログラムによって動いています。これは人間の意思に関係ありません。プログラムがその位置に来た時に、その現象が起きることになります。

私たちの住む銀河系宇宙は、今迄のヨルの時代から、ヒルの時代を迎えようとしていることがわかりました。

この「ヨルの時代」から「ヒルの時代」への変化は、なぜ起きるのでしょうか。

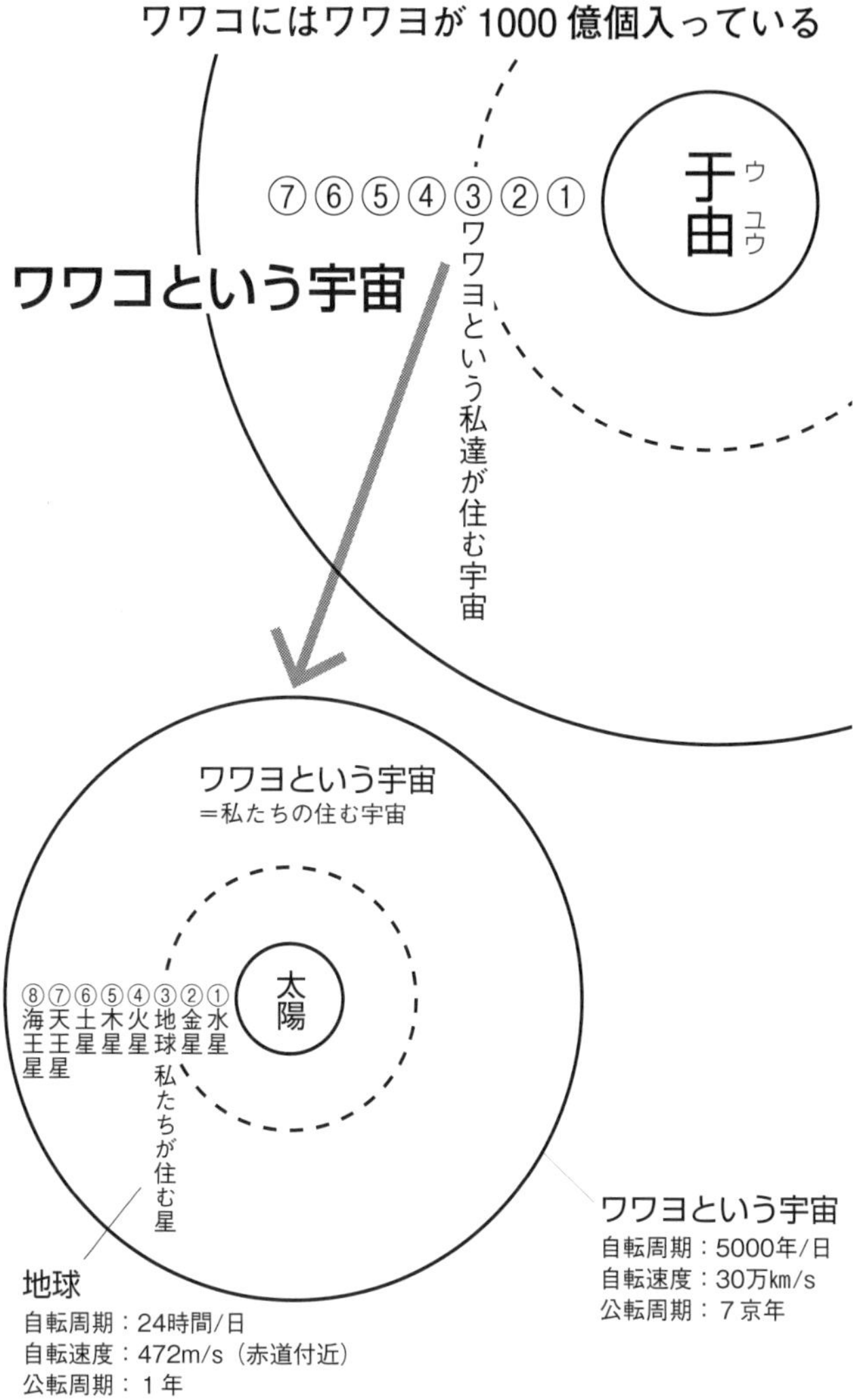

図１　ワワコという宇宙とワワヨという宇宙

私たちが住んでいる地球は、太陽系の惑星の一つであり、太陽と地球が一定のルールに則って、地球が自転、公転を続け、自転によって昼と夜があるというのは周知の通りです。

それと同じように、私たちの住んでいる宇宙全体が、さらに大きな「コ」という宇宙の中にすっぽり入っていて、太陽の役割をしている「于由《ウユウ》」という光源の惑宇宙(1)の一つになっています（図1を参照）。

その「于由」に対して、私たちの住む宇宙が自転と公転を続けていて、自転によってヒルとヨルがあります。ヒルとヨルの区分けは、宇宙の中のいくつもの銀河系が、宇宙のどこに位置しているか、さらに自転する宇宙が、どのあたりを動いているかによって、于由光線の当たり方が違ってきます。

今は、私たちが住んでいる「天の川銀河」が、于由光線の差し込む、夜明け前というところに来ています。

于由光線とは、太陽の光のような可視光線ではなく、目に見えない宇宙エネルギーです。

---

(1) 地球をヨという宇宙の中にある惑星と呼ぶように、ヨという宇宙はコという宇宙の中にある惑宇宙と呼ぶ

この于由光線がこれからの主役になります。

地球の自転周期は、一回転が二十四時間なのに対し、ヨという宇宙の自転周期は五千年で一回転します。

そのため、ヒル二五〇〇年、ヨル二五〇〇年となり、この五千年を二回転、つまり、

ヒルの時代二五〇〇年、
ヨルの時代二五〇〇年、
ヒルの時代二五〇〇年、
ヨルの時代二五〇〇年、

計一万年を一単位として、地球人の代が替わります。

地球は一万年に一度、大洪水や数百～数千メートルという、大規模な津波によって水洗いをし、地球をきれいにし、新しくして、次の世代の人類に渡すのです。

こうして一万年ごとに新しくなった地球に今住んでいる地球人が第四十六代目地球人になります。

では一万年続く四十六代目地球人のお話をしましょう。

まず、一万年の一番初めの二千五百年は昼の時代で、この時代は、「地縄文時代」、またの名を「秸《ケツ》の時代」といいます。

先ほど述べた于由光線は、心を成長させるエネルギーですので、この時代は「低次精心文明」の時代です。

二番目の二千五百年のヨルの時代を「地彌生時代」といい、またの名を「祖《ソ》の時代」といいます。この時代は、太陽エネルギーにより、物と人間の脳を成長させる時代ですので、「低次物質文明」の時代です。今迄の私たちが過ごしてきたのがこの「祖の時代」です。

第三番目に来る二千五百年のヒルの時代を「天縄文時代」といい、またの名を「皇《オウ》の時代」といいます。

この時代は、最初の「地縄文時代」よりさらに、于由光線によって、高次の精心が発達する時代ですので、この時代を「高次精心文明」の時代といいます。これから私たちが新しく迎える時代です。

そして、最後の二千五百年のヨルの時代を「天彌生時代」といい、またの名を「埶《ゲイ》の時代」といいます。この時代は先の「地彌生時代」よりも、さらに高度な技術文明を築きますので、この時代を「高次物質文明」の時代といいます（表を参照）。

宇宙プログラムで決まっている人類、地球、自然、世の中の変化

45代目 大規模水洗
DNAだけ残す

始まり	四六代目の地球環境		一万年間	終了
二五〇〇年間	二五〇〇年間	今	二五〇〇年間	二五〇〇年間
ヒルの時代	ヨルの時代	大転換期	ヒルの時代	ヨルの時代
地縄文時代	地彌生時代	艎《ワウ》の時代	天縄文時代	天彌生時代
秸の時代	祖の時代		皇の時代	埶の時代
低次精心文明	低次物質文明		高次精心文明	高次物質文明
（生）樂しく	（造）苦労		（動）楽	（作）喜び
縄文人	彌生人		縄文人	彌生人

47代目　大規模水洗

この二五〇〇年ずつの区切りの過渡期には、一万年に一度のような、大規模な水洗いはありませんが、中規模な天変地異によって、地球をきれいにして、新しい時代に備えます。

今は、ちょうど五千年が過ぎたところで、今迄のヨルの時代である「地彌生時代」の「祖の時代」が終わろうとしている転換期なのです。

そのため、次の新しいヒルの時代の「天縄文時代」である「皇の時代」を迎える準備の期間として、世界中で今迄にない天変地異や、事件・事故が起きているのです。

この変化は、宇宙プログラムによる変化で、自然がやっていることですので、神様にもどうすることもできないのですから、人間はただ見守るしかありません。

では、宇宙の自転による「ハード（物質）的変化」をすると、どのような「ソフト（精心）的変化が、あるのでしょうか。

人間は、二十四時間で一日としています。しかし、神様は五〇〇〇年を一日とし、そのうち、半分の二五〇〇年起きて、二五〇〇年お休みになります。神様も人ですので、眠らないと絶対持ちません。

眠るといっても、私たち人間とは規模が違います。その眠られている二五〇〇年間は、神様が交代しないと、世の中が止まってしまいます。そのために、どうしても代わりの神様が必要になります。

物と心、目に見えるものと見えないもの、有と無という風に、二種類の神様の役割が決まっています。物を専門とされている神様が起きておられるときは、物部門が成長し、心を専門とされる神様が起きておられるときは、精心部門が成長します。

物を成長させる神様を「彌生神」といい、心を成長させる神様を「縄文神」といいます。

神様と同じように、人間も「彌生人」は「彌生時代」に生まれ、縄文時代には生まれず、次の「彌生時代」に生まれてきます。

逆に、「縄文人」は「縄文時代」に生まれ、彌生時代には眠りにつき、次の「縄文時代」が来るのを待ちます。

「縄文」と「彌生」の差は、どちらが「良い、悪い」の問題ではありません。いわば、川魚と海水魚との違いです。川の魚は川の水が棲みやすく、海の魚は海の水が棲みやすい、つまり、環境適合の問題です。

同様に、動植物もウイルスも細菌も時代ごとに交代します。神様（上）が変われば、民衆（下）が変わります。フィルムが変われば、スクリーンが変わります。そして、神様が変わると「人心」が変わります。「人心」が変わると、世の中の空気が変わります。

人間が世の中に住んでいる限り、宇宙プログラムから逃れることはできません。そうであれば、いち早くプログラムの変化を感じ取って、自分の生き方を変化させていくしかありません。そうすることが幸せになる秘訣です。自分が変わらなければ、だんだん世の中から置いていかれることになります。

今迄の二五〇〇〇年間に起きた変化は、宇宙プログラムによる変化ではありません。たとえば、「景気が良い」とか「悪い」とか、「うまくいく」とか「いかない」とか、世の中で変化しても、それは宇宙プログラムの変化ではないのです。今のような大変化は、二五〇〇〇年に一度しか起こりません。なお、地球上の人間が全部入れ替わるには、五百年かかるようです。

祖のソフトウェア（精神的なもの）を破壊するのは于由光線です。たとえば、思考、家庭や家族関係など、目に見えないものを徐々に壊していきます。

また、祖のハードウェア（物質的なもの）を破壊するのは、火星です。火星のことを別名「破壊星」といい、唯一、物質を破壊させるものです。火星が地球に近づいてきたときに、破壊が強くなります。地球に近づいたときは目に見えますが、あくまでショーとしてみるのが良いでしょう。

今迄にない気象変動

近年、世界規模で「今迄にない」という枕詞が付く気候変動が起きています。

その異常気象の原因は何か、様々な研究が、世界中で行われています。異常気象の主な原因は〝地球温暖化〟という説があり、それは人間がもたらした害だとされています。人間が大量の二酸化炭素を排出して、それが上空に溜まって厚い層をつくり、地上の暖まった空気を逃がさないので……。

その一方で、真逆ともいえる〝氷河期〟が近づいているという説もあります。

確かに物理的にはそうかもしれません。けれど、これはあくまでも、私たちが住んでいる三次元世界の原因にすぎません。本当の意味での原因の世界から見ると、これは結果であって、結果の中の原因でしかありません。

では、真の原因とは何でしょうか。

これから迎える新しい皇の時代、地球は今迄より温暖になります。

それは、先ほども述べましたが、大自然のプログラムによって、自動的に起きる現象であり、それに伴って、温暖な気候を好む神・神に交代するからです。

従って、人間が二酸化炭素を出して……云々という問題ではないということです。ですので、南極の氷が溶けている、太平洋の小さい島が海水に沈みそうだ、地球温暖化は予想以上に速いスピードでやってきているという現象は、受け入れざるを得ない現実なのです。

ただし、このような極端な異常気象は、今の転換期特有の現象であって、転換期が終わり、次の皇の時代には、北海道から沖縄まで、一年中、春と秋のような穏やかな温暖な気候になるそうです。もちろん、世界中の気候も同じです。

理論の研究によりますと、先ほども述べましたが、今は、これまでの祖の時代から、これから始まる新しい皇の時代への、まさに転換期に当たります。

今迄の祖の時代と、これからの皇の時代とでは、価値観が真逆になります。

今迄存在したすべてのソフトウェアと、ハードウェアの両方とも、次の時代には使えなくなります。

使えなくなった不要な物を「ゴミ」といいます。祖のゴミを、完全に破壊して消し去り、きれいにしなければ、次の時代を迎えることはできません。そのきれいにすることを「浄化・消化」といい、これは自然が自動的にやってくれています。

この大転換期は、大自然のプログラムによって起きている現象ですので、神様といえども、防ぐことができません。ましてや、人間の力など及びようもないのです。

「浄化・消化」には、各々種類があります。

精神的浄化・消化は、風や竜巻が行い、体内及び生命の浄化・消化は、雷が行い、物質やお金の浄化・消化は、雨や雪などが行います。

規模の大小、強弱、量の多少とゴミの量は比例します。

近年「今迄に例のない」大規模化している異常気象は、ゴミの量がいかに多いかを物語っているのです。

では、近年の気候がどうなっているのかを、見ていきましょう。

まず、気温ですが、日本の夏では摂氏四十度くらいは、今は驚くことではなくなりました。

インド・ニューデリーでは令和二年に摂氏四十七・六度を記録しました。これは、人間がどれくらいの高い気温まで耐えられるか、自然が実験しているのだそうです。体を溶かすような蒸し暑さは、体内のゴミを蒸発させて浄化・消化をしているのです。

ちなみに、地上の寒さ・暑さのコントロールは、地上に住んでいる目に見えない方がやっています。

次に、世界各地で「今迄にない」規模のゲリラ豪雨が続いていることについて述べます。

豪雨は物質、お金の浄化・消化です。さらに、ゲリラ豪雨の前には竜巻や強風が付きものです。これは精神的浄化・消化です。その他、地震・土砂崩れ・津波・豪雪なども浄化・消化のために起きています。どれをとってもすべて「今迄になく」大規模化しているのは、この時代の転換期特有のものと考えて良いでしょう。

また、この先未曾有の天変地異も予想されています。この転換期に起きる現象は避けて通ることはできません。先ほども述べましたが、浄化・消化が終わらない限り、次の新しい時代に移行できないからです。

地縄文時代（秸の時代／ヒルの時代）

今から五〇〇〇年前に始まった、四十六代目地球人の最初の環境、地縄文時代は、一万年単位の人類最初の社会で、この時代は地縄文時代という名の通り、「地」に自生する野草や木の実、また魚介類、さらに動物など、自然界の食物を狩猟・採取して生活をしていました。食物は豊富でしたので、人々は働くこともなく、争い奪う必要もなくすべて共有、共存をして平和に暮らしていました。この時代は上下関係や、所有、蓄

四十六代目の地球環境

ヨル	ヒル	ヨル	ヒル	
2500年	2500年	2500年	2500年	
天彌生時代 高次物質文明	天繩文時代 高次精心文明	地彌生時代 低次物質文明	地繩文時代 低次精心文明	
埶の時代	皇の時代	祖の時代	秸の時代	
?	本・侖・器	鏡・玉・剣	來・樂・楽	三種の神器

図2　2500年周期で変化

財、法律などの概念がなく、すべて平等な社会でした。

この時代の追及したテーマは、「樂《タノ》(1)しく生きる」ことでしたので、人々は本能のままに樂しく生きた時代でした。

地縄文時代の秸の子どもたちが、再び平成の世に生まれていますので、平成生まれの若者を見れば、当時の生き方の一端が、わかるのではと思います。

地縄文時代はどのようにして終わったのか

今から五〇〇〇年前に始まった、地縄文時代の縄文人・秸の人々は、二五〇〇〇年間、自由に、樂しく、本能のおもむくままに生きていました。さしたる争いもなく、地上の楽園といわれる時代でした。

ところが、今から二五〇〇〇年前、彌生人の祖の倭人の神武天皇が、わざわざ遠方から刀剣を持って、戦争ができる格好で、教えに来てくれました。これからの時代は、力で侵略して領土を拡大していくのだ、もう秸の人々の時代ではないと、侵略してきた

(1) 楽しいは樂しいを使う

のです。これが、祖の時代の三種の神器の一つ「剣」に当たります。大陸からまず九州に上陸し、中国地上に侵略、秸の原住民を次々に殺戮しました。そのとき案内したのが大国主神《オオクニヌシノミコト》でした。その後、逆方向の中国地方を通り、九州北部から南部に下り、紀伊半島に上陸し、八咫烏《ヤタガラス》の案内で大和に着き、大和政権を樹立しました。

この侵略で秸の親たちが次々に殺されていった様子を、子どもたちは穴の中に隠れて覗いていました。その子どもたちも殺され、そのまま二五〇〇年眠っていました。

今、皇の時代に生きるために、再び秸の人が生まれてきています。そして、秸の人が生まれ始めたときに起きたのが阪神淡路大震災です。

特に、平成生まれの若者は、自分の魂のプログラムに刻まれた傷、すなわち、トラウマが蘇り、外に出るのが怖くてパニックが起きる。つまり、祖の人々がつくった職場や学校に行くと、昔の秸の時代の戦場の記憶が蘇ってきて怖くて行けない。そこで、職場を辞めたり、学校に行けなくになったりしているというわけです。

この二五〇〇年~二六〇〇年前には、その他の各国に、モーゼやキリスト、シャカ、孔子、孟子などの偉人、聖人といわれる人々が、時代の変化を教えに来ています。従って、こうした偉人たちは、すべて彌生の祖の方々です。

地彌生時代（祖の時代／ヨルの時代）

今から二五〇〇年前に始まった地彌生時代のテーマは、「苦労してものを造る」ことです。地彌生時代の名の通り、「地」とは土地そのもの、あるいは地下資源を重要視したことを意味します。

この時代は動物を家畜として飼い、牧畜と食物を栽培する農業が始まり、それを定着させるには、人々の定住が必要となりました。すると、自然な流れで、農地と居住など、所有の概念が生まれてきました。そして、農地の拡大という欲求も自然の流れでしょう。使える土地は有限ですから、所有の拡大は、「国盗り物語」さながらの争奪戦が繰り広げられたであろうことは、想像に難くないことです。強い人は多くを所有し、富める者と、そうでない者が出現してきて、富める者は権力を握り、支配者となり、そうでない者は支配者に従属する奴隷という身分制度・階級制度ができ、そして、格差を広げていきました。

これは祖の三種の神器の「鏡」と「玉」に当たるルールです。

また、農地・居住・家畜・お墓が一体化した家族との定住は、物理的に人間を、その土地に縛り付けるものであると同時に、先祖代々の土地とお墓を守り抜かなければならないという、精神的な束縛でもあります。それは、「絆」ということばにも表れています。「絆」を広辞苑で引くと「動物を繋ぎとめる綱」……とありますが、この絆が、家族に対して使われているのです。

時代が流れ、産業革命が起こり、資本主義が定着してもなお、依然として、「苦労してものを造る」時代であることは変わりません。格差もどんどん広がっています。

ちなみに、サラリーマンは、雇い主に従属するという意味で、奴隷制度の名残といえます。こうした身分制度・階級制度は、次の天縄文時代には消えますので、サラリーマンという職業も、やがてなくなります。

また、現在でも、何をするにも住所・氏名・年齢を記入しますが、本来なら、名前が最初に来てもよさそうに思いますが、住所が先になっているのは、「『定住』こそが重要」という、土地神話が根付いていることを物語るものでしょう。

従って、住所不定では怪しまれ、定職に就くことは困難です。そして、無職の人は一人前の人間扱いされません。「働かざる者食うべからず」とは、この時代を代表する諺《コトワザ》です。

しかし、祖の時代もそろそろ終わりを告げ、今は、次の時代への転換期に入っています。

今迄の常識が通用しない女性や新時代の若者が出現してきています。近年、お墓をどうするかが問題になっています。墓じまいする人や先祖の墓に入りたくない人が増え、墓参りに行く人が減り、その結果、無縁墓が増え、若者の宗教離れ等々の社会現象を見聞きすることが多くなりました。

この理論で、「先祖はこれから二五〇〇年間お休みします」といってきましたが、理論を知らない方々も、時代の流れを感じ取っていることを実感しています。

天縄文時代（皇の時代／ヒルの時代）

これから迎える天縄文時代は、二五〇〇年前に終わった地縄文時代の再来です。「地」と「天」の違いは、前の縄文時代は地に自生するものを食物としていたのに対し、これから天縄文時代は、「天」すなわち、宇宙のエネルギーを活用して生きる時代です。

これからの天縄文時代は「原始共産主義社会」であり、この時代が追求するテーマは、「楽に動く」です。波導の合った自立した者同士が、お互いに共存共栄する社会です。お金はそれほどなくても、物々交換で日々の生活は充分という、楽な暮らしになります。

そして、気候も今迄の春と秋くらいの過ごしやすさになるというのです。

もうすでに、特に若者や女性の間では、天縄文の生き方が始まっています。

さらに時代が進むと、自分の魂職《コンショク》（天職。詳しくは305頁を参照）を月に十日するだけで充分、生活が成り立つようになるそうですから、樂しみに待ちましょう。

さらに、時代がもっと進むにつれて、衣食住すべて只になります。自然が只で提供してくれるのです。

◎皇の時代の三種の神器

一、本（自立）

二、命（人生、グループ、宇宙のルール）

三、器（天才、知能ロボット）

◎皇の時代の正常のルール

一、泰
二、安
三、白
四、雅
五、縄
六、小

一、泰《オオラカ》(1)。のんびり、ゆっくり落ち着き、余裕。こうでなくてはならないとこだわりを持つと、脳の選別異常が生じます。プラスのものしかダメと限定すると、脳の選別異常が起きて、プラスしか通さなくなり、マイナス不足になります。マイナスの異常は痛みとして出ます。プラスの異常は痒みとして出ます。ただし、今は浄化、消化のた

(1)この理論では「オオラカ」と読む

めに出ているので、異常ではありません。

二、安　安心、安全、穏やか。精心的正常にする。

三、白　自分に正直、ごまかさない。自分をごまかすと脳が狂ってきます。ごまかすことは、脳の途中で止めること、あるいは途中で変更すること。自分の好きな人、好きなもの、好きなことだけと付き合います。内向的で閉じこもると病気になります。自分を正直に出して、相手が怒ろうが、喜ぼうが相手の問題、自分には関係ない。気にしないこと、気を一切つかわないこと。人が怒るのは見かけと本心が違ったとき。

四、雅　いつも毎日実行していく。肉體的正常にします。

五、縄　縄のように柔軟に、こだわらないこと。受動的（受け身）。

六、小　環境には情報があふれている。その中から何を取り入れるか、よく選別して自分に必要最小限のものにすること。欲であれもこれも入れると狂ってしまいます。選別する能力がないと長生きできません。情報入力最小限、腹八分目。

ちなみに皇の時代の「皇」の意味を書いておきましょう。

「皇」とは、大きい、広い、輝き、美しい、暇《イトマ》、白い、隠しごとがない、明るい、正直という意味です。「暇」とは時間的、精心的の両方の意味です。

皇の時代になると、一カ月の三分の一を魂職に当てます。あとの三分の一は魂職のための学習時間に使います。そして、残りの三分の一は遊びの時間です。つまり、失業率が三分の二ということになります。

次に魂職のための学習とは何かを書いておきます。「学習」は「学」と「習」に分けられます。

「学」はハードウェアで脳に詰め込む知識とか、脳で考えることです。これはだいたいコンピューターに置き換えることができます。主に、祖の時代に重要なことでした。祖の時代は「ハードウェアを制した者が、世界を制す」時代でした。

「習」はソフトウェアのことで、閃きや、思いなどの、心を使うことで成り立つものです。脳すなわち記憶をしていると、心が働かなくなります。心は、コンピューターに置き換えられません。心が動く人しか、コンピューターソフトは使いこなせないということです。皇の時代は、「ソフトウェアを制した者が、世界を制する」ことになります。

ちなみに今のコンピューターは専門家しか使いこなせない玩具です。

天彌生時代（埶《ゲイ》の時代／ヨルの時代）

四十六代目地球人一万年の、最後の二五〇〇年間を天彌生時代、またの名を埶の時代といいます。前の皇の時代の高次精心文明を、そのまま引き継ぎ、その上に立って、高次物質文明をつくり上げていきます。

天彌生の埶の時代のテーマは「作る喜び」を追求することです。つまり、一万年をかけて、この天彌生の埶の時代になって、初めて、「物の最高峰」を達成することで、作る喜びが、得られるというわけです。

ちなみに、エジプトのピラミッドや、ナスカの地上絵は、この前の四十五代目の、天彌生の埶の時代の地球人による、高次の技術を駆使した、集大成の構造物です。ピラミッドは、レーザー光線を使い、数人で建造したらしいのです。それが五〇〇〇年前の、大規模な水洗いでも消えずに、当時の遺産を、私たちに見せてくれているのです。

さらに、前の四十四代目地球人の埶の人によって、埶の時代に建造された物がマヤ文明で、二度の大規模な水洗いに耐え、造った物ということです。そのため、いずれの物も四十六代目地球上の私たちには、解明はむずかしいのです。

本来の人種の違い

地上にはいつの代でも、縄文時代には縄文人、彌生時代には彌生人と、二種類の人種が存在することは、先ほど述べました。

縄文人の特徴は、中身は真面目、信念を貫き通す頑固者。しかし、日々は柔軟で、その折々に変化して、縄のように、良い加減に生き、泰らかです。

彌生人の特徴は、中身は基本的に信念はなく、不真面目（嘘・ごまかし）。日々は真面目で頑固、一度決めたら矢のように突っ走る。素直に見えるものはすなわち、ごまかすためです。

図にも示したように、縄文人もさらに分かれます。まず、一万年単位の、一番初めに来る地縄文時代の桔の時代に存在していた人を「桔の人」といいます。この桔の人は、次の縄文時代の皇の時代に生まれてきます。

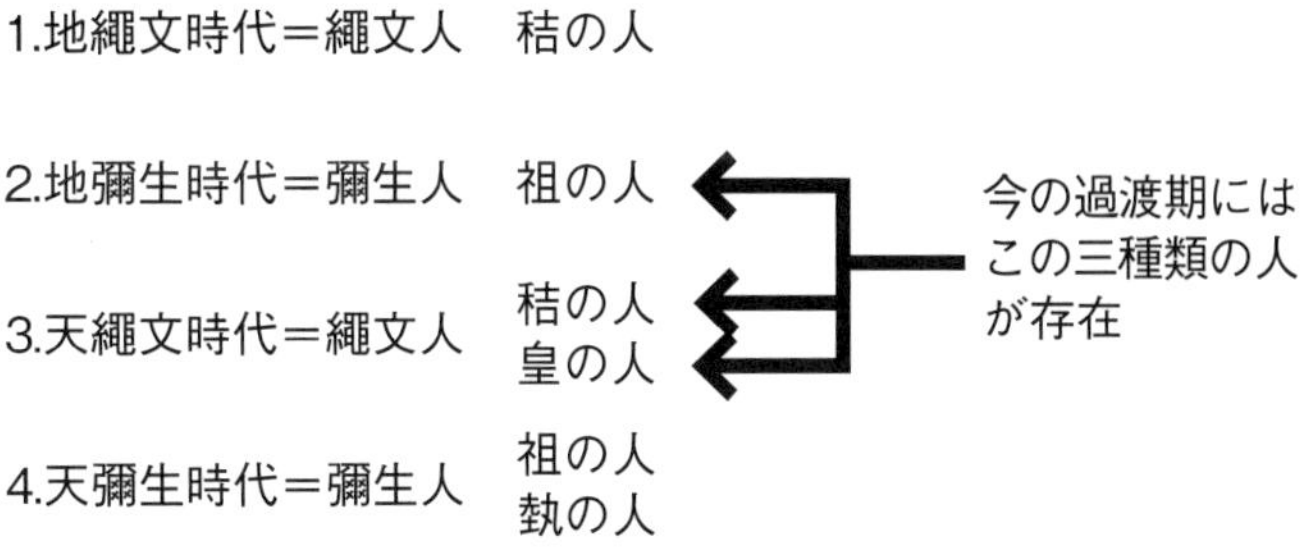

図３　過渡期の三種類の人

地球は秸と祖の人の住む星です。そのためこの皇の時代には、秸の人の他に、地球外の異次元の星から生まれてきた「皇の人」が加わります。皇の人は、一万人に一人の割合で存在し、秸の人に、時代の変化を伝えていく役割を持っている人です。なぜ皇の人が必要かといいますと、秸の人ばかりですと、秸の時代をつくってしまうからです。皇の人の指導により、秸の人とともに、皇の時代をつくっていくということです。

一方、一万年単位の二番目に来る地彌生時代に存在する人を「祖の人」といいます。この人は、まだ今現在、地上に存在していません。次の皇の時代にはお休みして、一番最後の天彌生時代の埶の時代に生まれてきます。

今のこの過渡期には、祖の人・秸の人・皇の人の三種類の人が混在しています。

ややこしいのは、この三種類の人それぞれの思考や行

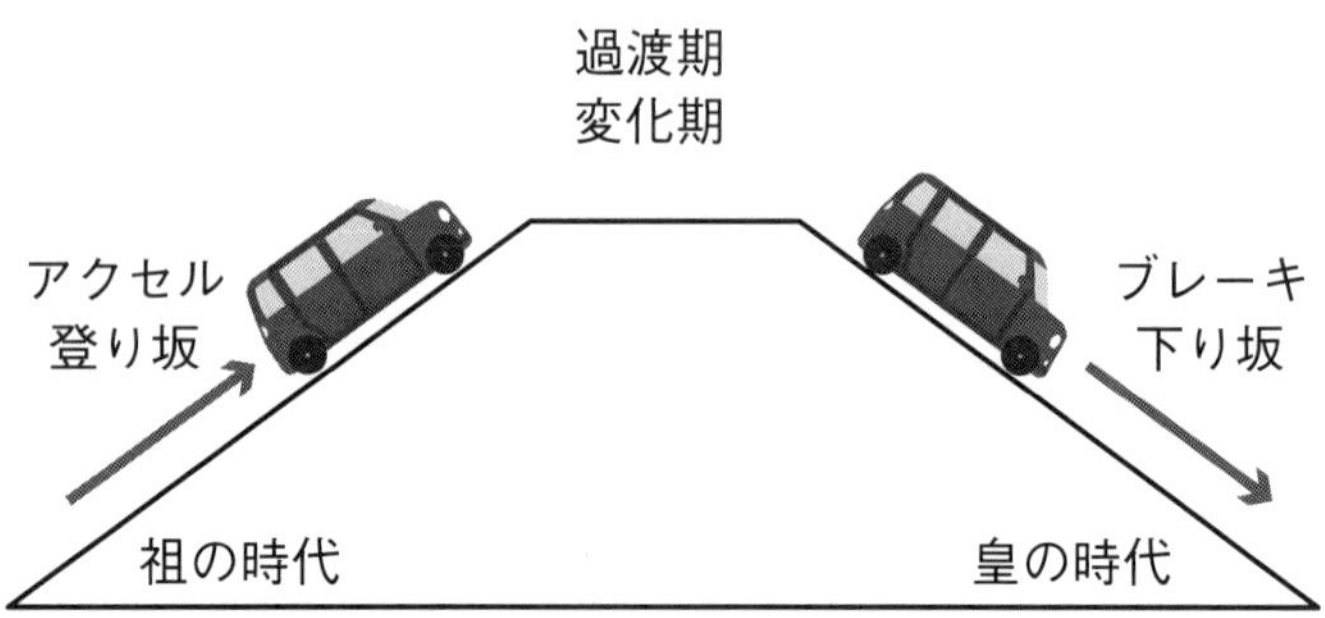

図４　三種類の人の特徴

動が違う点です。

それでは、この三者の特徴を述べていきましょう。

今迄の祖の時代は上の図のように、険しい坂道を車で登るがごとく苦難の人生でした。

従って、一瞬でも止まったら、坂道を転げ落ちてしまいますので、ずっとアクセルを踏み続けるしかありません。つまり、一生あくせく働き続けるしか、生きる道はなかったのでした。祖の人はアクセルしか持っていません。

一方、これから迎える皇の時代は、穏やかな、うねうねした坂道を、のんびり、ゆっくり、下っていく人生です。従って、秸の人にはアクセルは必要なく、ブレーキが必要です。

つまり、動くこと、働くことにブレーキをかけ、人生を楽しみながら、ゆっくり、のんびり、過ごすというふうに変わります。

皇の人は、アクセルとブレーキの両方を待ち、臨機応変にできるのが特徴です。このことを頭に入れておいてください。

◎祖の人の特徴

○自分より他人を優先する。
○他人や世の中が良くならないと、自分が良くならない。自分が不幸なのは世の中、国、会社、学校、他人のせいと考え、自分では責任を取らない。
○他人に興味を持つ。↓他人の人生を歩むことになる。
○苦労、不自由が好き。自分ではそんなことはないと思っているが、たとえば、規則・法律・作法・〜道（茶道、華道、書道、剣道、武道、柔道、弓道、香道など）・風習・俳句・画法・文壇・派閥・常識等々、枠にはめて縛り付けるのが好き。
○アクセルしか持っていない。ブレーキがないので、休むことができず、働き続けないと不安であり、スケジュールがびっしり埋まっていないと、不安で仕方がない。
○次の皇の時代には生きられないので、これから徐々に亡くなっていく。

◎秸の人の特徴（特に平成生まれの人）

○とにかく自由が好き。

○他人に対して興味がない。

○自己中心的思考。自分さえ良ければ良い。他人のことまで考えられない。

○アクセルなし。ブレーキしか持っていないので、ガンガン働くことはできず、ゆっくり、のんびりしている。

○嫌なことはしない。樂しい・楽・好きなことだけする。

○勉強が嫌いで意欲なし。何で勉強しなければいけないのかわからない。登校拒否が増えている（そもそも学校教育とは、世の中のすべてのことを、できるだけ知らせないように、遊ばせないように、一方向に向かせ縛り付けてコントロールするもの。子どもは無意識ながら、そのことを感じている）。

○地位・名誉・権力には全く興味がない。

○ブレーキしか持っていないので、仕事への意欲が少ない。ニートやフリーターやプータローをやっている人が多い。

○秸の時代は食料が豊富で、その辺にある物を摂取していたので、労働という概念がない。『平成二十五年版　子ども・若者白書』によると、十五歳〜三十四歳を対象にした平成二十四年の雇用状況は、仕事も持たず、通学も家事もしていない若年無業者（ニート）の割合が二・三％と平成七年以降最多を記録。平成十四年以降六十万人で推移していたが、平成二十四年度は約六十三万人になった。

○人とのコミュニケーションが苦手。たとえば、敬語が使えない、挨拶ができない、お礼を言わない、電話が苦手など。

○プライドが高い。傷付きやすい。

○幻想を捨てて、現実的。

○物欲がない。ブランド志向希薄。

○価値観の変化、多様化。物を所有せず、共有する。たとえば、自動車に興味なし。「スポーツカーはカッコ悪い」とのこと。

○お金を使わない。無駄遣いしない。将来が不安なので貯金する。お金の使うところがない。

○お酒を飲まない。乾杯は各人バラバラの飲みもの。

○食事にお金をかけない。食事そのものに興味がない。立喰いそば・うどん、焼きそば、インスタント食品で良い。
○旅行に興味がない。長期休暇や海外にも興味なし。ただし、ある海外ボランティアツアーの参加者の八割は二十代が占める。
○休日の過ごし方　一位・自宅でのんびり、二位・インターネット、三位・ゲーム。
○スマホやパソコンへの依存度が高い（依存症増加）。
○住まいに興味がない。ワンルームやシェアハウスでいい。
テレビでインタビューを受けていた、平成生まれのデイトレーダーの話を、例にとってみましょう。資産二百億円超え、年収百数億円。住まいはワンルーム。車なし、移動は自転車。食事は立喰いうどん、焼きそば。食べる物に興味なし。お金は使うところがない。仕事はゲーム感覚で遊びでやっている。
○カワイイ物が好き。ゆるキャラブーム。小さい、丸い形の物が好き。
○年齢に関係なく、娘と同じような格好をして、姉妹と間違われて喜んでいる母親。ぬいぐるみをバッグに付けたり、スマホや携帯電話に、いろいろな物をジャラジャラ付けたりしている人が多い。こういう人は、寂しがり屋。
○社会人になっても、大人になれない人もいる。たとえば、インターネット上に悪ふざけ写真の投稿。

◎祖と桔の男性の特徴の違い

〈祖の若い男性〉

○「男らしい」がモットー。

○体型がガッチリしている。

○顔の骨格が大きくエラが張っている。

○体力がある。力仕事向き。

○運動好き、アウトドア派。

○美容（肌の手入れ、髪型、すね毛処理、化粧など）やファッションにあまり興味がない。

○性欲・恋愛欲が強い。

〈桔の若い男性〉

○女性化している。

○体型が細い。

○顔が小さく細い。柔らかい物を好み、あまり噛まない。
○体力がない。
○あまり運動しない、インドア派。
○美容に関心がある（肌はつるつるのほうがいいので、すねも処理をする。ネイルサロンやエステサロン、美容室に通う。化粧品・化粧にも興味がある）。
○性慾・恋愛慾が弱い。草食系ならぬ、今や絶食系男子といわれる男性まで出現。

◎皇の人の特徴
○自分も他人も大切
○アクセルとブレーキの両方を持っているので、臨機応変に対応できる。
○世の中の混乱期に、地球以外の星から地球に、救世主としてやってくる。一万人に一人しかいない。死亡した後は神神になる。

◎皇人、秸人の特徴
誰の言うことも聞かない。勝手気ままな自由人。我が道を行く。学校で教えることが理解できない。だから学校に行かない。親からみると、悪いことばかりする。親を親と思っていない。

いわば今迄流では悪いことということになるのでしょうが、これからは全く心配ない子です。成人になったら親元を離れて暮らし、一度家を出たら二度と戻らず、一生親と会うことはありません。皇人、桔人は、今迄流の親不孝者です（ちなみに、親孝行とは嘘を言うこと、親不孝とは本当のことを言うこと）。そんな皇人、桔人の子どもに対して親が生き方を妨げようとすると、自然の方が親よりエネルギーが高いので、親は自然から消されてしまいます。

このようなわけのわからない天縄文理論などというものにはまっている人は、先祖という親から見放されている人。今迄、一所懸命働いても、良いことをしても、何をやっても怒られ、非常識といわれます。けれど、その分、自立心や知恵はついたと思います。そして、知恵は自然（環境座標軸の前）から来ます。

非常識といわれます。知恵は睡眠時間で決まります。九時間以上と多い方が良いです。智恵は遊びから得られ、お金がなくても生きられますので、とても楽です。

「平成生まれの若い人は、自分たちと人種が違うな」と思われる大人は、多いのではないでしょうか。その通り、人種が違うのです。

たとえれば、「ニワトリの大人とアヒルの子」。ニワトリの親が、アヒルの卵を孵《カエ》したのです。ニワトリの親は、自分が孵したから、間違いなく自分（ニワトリ）の子だと思っています。初めはアヒルの子も、ニワトリの親と一緒にいますが、だんだん日が経つにつれて、子は親から離れて、池の中で遊ぶようになります。親は「子どもが池の中に落ちた！　大変だ!!」と大騒ぎします。子どもは「僕はアヒルの子だ。だから自由にさせて！」といいますが、親は何のことだかわかりません。親は「私の子だ」と自分の所有物だと思っています。けれど、子どもが何を考えているのか、サッパリわからず戸惑うばかりです。わからないはずです。だって人種が違うのですから……。親のニワトリのスケールで、アヒルの子どもを考えていても、絶対わかりません。人種が違うということに、早く気づいてください。それは職場でも同じです。

職場の話です。上司は若い人たちの扱いにみんな戸惑っています。よく聞く話は
○叱ると落ち込んで口を利かなくなったり、泣いたり、辞めてしまったりする。
○電話が怖くて取れない。あるいは受け答えができない。
○口の利き方がなっていない。言われたことしかできない。

○マニュアル通りにしかできない。残業を頼んでも断られる。
○帰りに飲みに誘っても断られる。人との付き合い方がわからない。
等々。

　挙げればきりがないほど続きます。ですが、嘆いていても仕方ありません。彼らは変えようと思っても変えられません。それなら大人が理解し、変わるしかありません。これから次の時代は、こうした若者が、世の中を動かしていくのですから……。

　今の世の中は、四十代の人が主流で動いています。十年後の世の中は、どのようになっていくかを知るには、今の三十代の人の生き方を見ればわかります。

二〇年後の世の中の行方を知りたければ、今の二十代の人を見ればわかります。

　さらに、三十年後の世の中の状態は、今の十代の人の生き方を、参考にしていただければいいでしょう。

第二章

祖の教育

祖の時代は「一方向性社会」

今迄の二五〇〇年続いたヨルの地彌生の祖の時代は、「低次物質文明」の時代であり、「一方向性社会」でした。

「一方向性社会」とは、何に対してでしょうか?

それは祖の思想を表す三種の神器というルールに基づくものです。

祖の三種の神器とは1鏡　2玉　3剣です。

1「鏡」とは、鏡に自分の姿を写してみると、自分が動く通りに動きます。世の中で唯一自分に忠実に従うのは、鏡しかないというところから、支配者に民衆が信じて従うという意味です。祖の時代はヨルの時代ですから、暗闇の山中を一人手探りで登っているところを想像してみてください。一人で歩くのは危険なので、先頭に立つリーダーに摑まって一列に並んで規律を守って、リーダーを信じて従って皆で歩けば安泰なのです。人間が進可して最初に行き着くレベルは尊神という神です。尊神は太陽に住んでいます。そして、物質文明を発達させるには太陽光線が欠かせません。

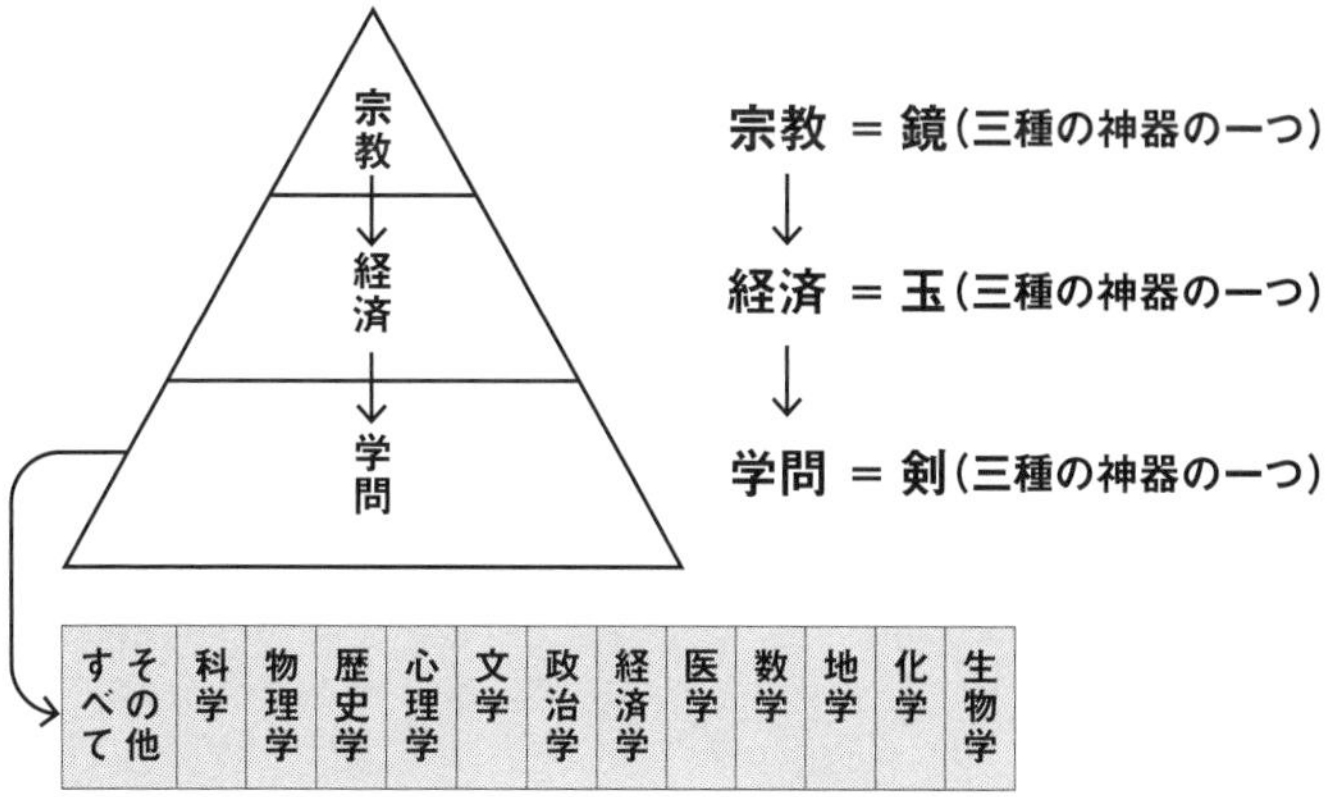

図5　祖の時代・ピラミッド形式

その太陽に住む太陽神すなわち、天照皇大神を祀って、天照皇大神を信じて従うという意味になります。

2「玉」　従わない場合は、お金で従わせるの意です。

3「剣」　お金でも従わない場合は、殺しても良いという意味です。

もう一つ、祖の時代の特徴は「低次物質文明」の時代でした。

低次物質文明を発展させるために必要不可欠なものは、物質と同じく、均一的な人間をつくることです。物質も人間も均一であればあるほど扱いやすくなります。

その均一的人間をつくる上げるための役割を担ったのが、教育でした。そのため、教育をどうしても日本国中同じルールにする必要がありました。

「一方向性社会」は「低次物質文明」を発展させるために、均一的人材を育てるという、その一点に絞った教育として、均一的人間による、均一的社会構造をつくり上げた社会のことです。

教育とは何か

まず、教育の「教」とは、先生や親のための、先生や親の都合の良いように教えるという意味です。

そして、試験や点数を付ける意味は、奴隷制度管理のためです。

また、「勉強」とは、自分の嫌いなことを、他人に無理矢理させられることです。

「学問」の「学」とは、脳すなわち記憶のことで、これは皇の時代にはコンピューターに代わりますので、不要になるものです。

今日の日本の学校教育の基礎になったのは、明治時代の富国強兵政策でした。当時の教育は、戦争のための戦闘要員を作るためであり、そして試験制度は、優秀な戦士を抜擢するために必要でした。このように学校教育制度の始まりは、戦争を意識したシステムでした。今もそのシステムは、そのまま敷かれています。

今迄の地彌生祖の時代は有の三次元世界つまり、結果しかわからない時代でした。何か一つのものことが起きたとき、遡って原因を追及していくと、一番最後に行き着く先は、すべて生まれてきたから……ということで終わります。しかし、ここ迄は原因とはいいません。あく迄も結果の範疇です。では、なぜ生まれてきたのかということになると、そこから先は「無」の世界なので、わかりません。そこで考えました。わからないことは保留にして、生まれたときを基点にすれば良い。それ以後うまくやれば、人生うまくいくという発想が生まれ、そこから教育に熱心になり出したのです。

現役受験戦争は幼児から始まっています。幼児期から知識を詰め込む幼児教育を危惧しています。もちろん、子ども自身が勉強が好きで進んでやっている場合は、何歳であっても構わないと思うのです。が、ともすると親の見栄や親自身が果たせなかった夢を子どもに託し、間接的に自分の夢を果たそうとしていませんか。もしもそうであるとしたら、子どもにとっては大変迷惑なことです。子どもは親の所有物ではありません。子どもには子どもの人生があり、自分の子どもといえども別人格であり、他人であるということを、しっかり認識していただきたいのです。

本来子どもは生まれてくるとき既に、歩むべき方向性が決まっています。本来の自分がAとすると、Aのみ必要なもので、あとのものはいわゆるゴミ、すなわち自分にとって不要なものとなります。

ところが、一方向社会を作るためには、図6のように仮に真下向きの子どもが生まれたとすると、まず母の教育→次に父→保育所・幼稚園に行き→小学校→中学校→高等学校→大学→大学院→そして社会人になります。初めの生まれたときには、各々個性を持って生まれてきたのに、社会人になったときには個性は消え、知識、常識、記憶力だけが発達した、均一的な人間に教育されてしまっています。

本来、真下向きの途を歩むはずの子どもの学校の成績は、真上方向を一〇〇点とすると、この子は〇点を取ります。②の子の場合は各々三〇点、③の子の場合は各々五〇点、④の子の場合は各々八〇点、⑤の子の場合は各々一〇〇点を取ります。この⑤の子のことを秀才といいます。つまり秀才とは、本人をAとすると、自分以外のB＋

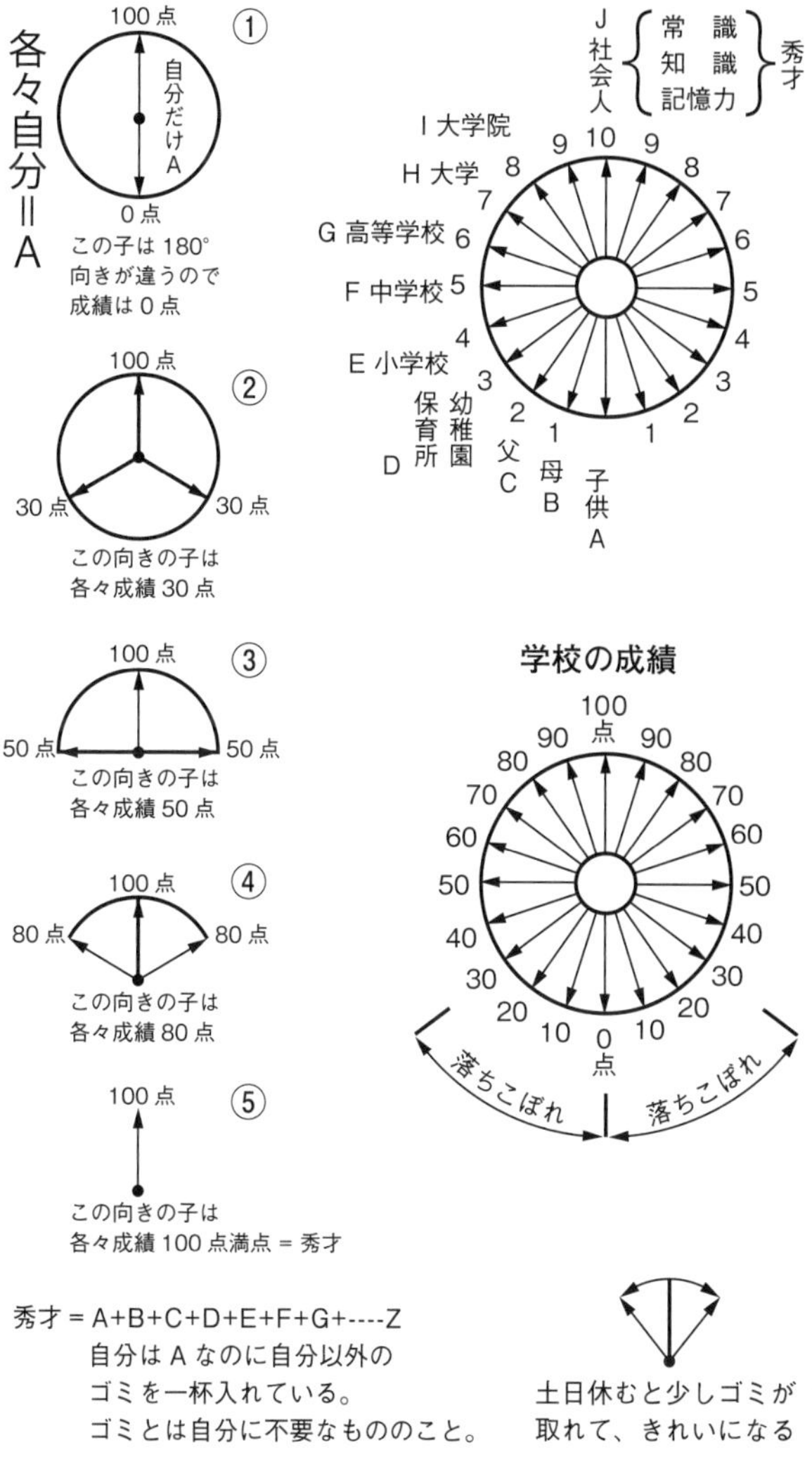
各々自分＝A
① 100点
自分だけA
0点
この子は180°
向きが違うので
成績は0点
② 100点
30点
30点
この向きの子は
各々成績30点
③ 100点
50点
50点
この向きの子は
各々成績50点
④ 100点
80点
80点
この向きの子は
各々成績80点
⑤ 100点
この向きの子は
各々成績100点満点＝秀才
J 社会人
常識
知識
記憶力
秀才
I 大学院
H 大学
G 高等学校
F 中学校
E 小学校
D 保育所 幼稚園
父 C
母 B
子供 A
学校の成績
100点
0点
落ちこぼれ
落ちこぼれ
秀才＝A+B+C+D+E+F+G+----Z
自分はAなのに自分以外の
ゴミを一杯入れている。
ゴミとは自分に不要なもののこと。
土日休むと少しゴミが
取れて、きれいになる

図6　均一的な人間を教育

Ｃ＋Ｄ＋Ｆ＋Ｇ＋……Ｚの不要なもの、いわゆるゴミだらけの人間のことをいいます。

こうして高等教育を受ければ受けるほど、自分にとって不要な知識、常識、すなわちゴミを大量に詰め込まれた記憶力や暗記力だけが良くて、個性も思考力も失われた均一的、画一的な人間になっていきます。

均一的人間による均一的社会構造では、個人個人の個性は邪魔になります。そのため、国民全員を一つの所に閉じ込めた集団生活の中で、規制で縛り、仮に上なら上の一方向に無理矢理向かせ、常識や知識や記憶というものを一杯詰め込ませ、世の中のことをできるだけ知らせないように、遊ばせないように、コントロールしてきたのです。その頂点が上とすると、真逆の下方向の個性を持っている人は辛いです。

図のように、全員が同じ方向性を目指すと、どういうことが起こるでしょうか。思い切りピラミッド型の競争社会になるということを意味します。

競争とは、武器を持たない戦争、闘争、スポーツ競技、すべて同じルールの中にあります。試験制度はこうして、弱肉強食社会を実現させました。その試験で勝ち抜いた人が秀才といわれる人です。

つまり、「秀才」とは、すなわちまんべんなく全科目好成績を取る人のことで、暗記力に優れた人のことです。ところが、知識と知恵は逆の方向にありますから、秀才ほど知恵がない人ということになるのです。その高学歴の秀才といわれる人々が、現在も官僚や政治家、企業の役職などの人材として、日本を牽引しているのです。

このように試験制度は、国力を上げる駒として秀才を輩出するとともに、国家に役立つ人材をどれだけつくったかということを、チェックするための機能なのです。本当に子ども自身のための教育なら、本人が判断すれば良いことです。試験制度の典型的な例は、現在も行われている全国一斉の大学入学共通試験です。今は戦争のための教育ではないとお思いでしょうが、競争はもう一度いいますが、武器を持たない戦争、闘争なのです。

そのため、今迄の競争社会の中にどっぷり浸って、競争に慣れ切ってしまった大人たちは、もうすでに時代の転換期にあり、どんどん変化していることに気付くことなく、気付こうともしません。それだけ大人は鈍感になっているのです。

こうした今迄の教育の慣れの果ては、本来の人間のあるべき姿ではないため、精神を病むのは当然のことでしょう。

この転換期に、今迄秀才として世間から持てはやされてきた人々の様々な問題が発覚して、頭を下げている光景は、周知の通りです。それだけ時代が変わったことを実感させられます。

祖の家庭教育は立渉《リツホ》

「立渉」とは、他人の人生と成長を妨げることを意味します。「他人」とは、自分以外のすべての人のことです。

家庭生活で自分以外の他人（家族）に対して、何かしようとするとき、また何かをしたとき、ダメ、ダメ、ダメ！　と言っていませんか。こうしてすべての行動に対して動かないように、互いに縛り合うのです。

立渉は、特に親が子に対して行うのは日常的なことです。朝起こしたときから寝る迄、一日にダメとどれくらい言いましたか。

今迄の祖のヨルの時代は、仕方のないことでした。夜道の暗闇の中を一人で歩むのは危険ですので、そうしなければ生きられなかったからです。それは親として当然のこととしてやってきました。これは、愛ではなく情というものです。「情」とは、自己中心的、自分の都合の良いように、相手のことは一切考えず、自分レベル迄引きずり降ろして、「あなたのため」と言いながら、自分の思い通りに相手をどうにかしてコントロールすることしか考えていません。

しかし、子どもは親とは別人格で生まれてきたのですから、本来放っておけばスクスク育つのです。けれど親は自分がつくったのだから自分の所有物として、子を宝にしてしまうので、その辺から狂い出すのです。祖の子どもは親が楽をするためにつくるので〝子宝〟というのです。女の子は売るためというと、反発されるかもしれませんが、昔は結納金の一番高いところに嫁がせたと聞きます。一方、長男は家の後継者として家に繋ぎ止めておく。これは奴隷扱いと同じことです。親から掛けられることば、早く起きなさい→早く食べなさい→早く学校へ行きなさい→早く宿題しなさい→早く寝なさい→→→と、子どもの自由は何もありません。という訳で、子どもは親の声を聞くほど狂ってきます。祖の時代の親子関係は、親は子どもをいじめる存在であり、子どもは親をいじめる存在で振り回す関係です。たとえば、親が寝たいと思うと、子どもが騒ぎ出す、泣き出す、外出先でも騒ぐ、泣く。こうしたことは今迄当たり前、不自由や不幸とは思わずにいるのですが、本来これは異常なことなので、皇の時代になるとなくなります。

また、親は老後の面倒を子どもに見て貰おうと思って育てていますが、このような異常なことをしているのは人間だけですので、皇の時代には、この思考もなくなります。

なぜ、家族はお互い苦しむのでしょうか。

その第一の理由は、祖の時代のルールとして、お互いに苦しみ、苦しめる、それでも努力することで進可（化）するということが前提になっているからです。

先祖は何と敵同士を夫婦として結びつけました。そればかりか兄弟、姉妹、孫、親戚も自分の周りのすべてが敵同士。その敵同士を家庭という一つの家の囲いの中で、〝絆〟ということばを使って、家族同士が縛り合う。「絆」とは、家畜を繋いでおく紐のこと、それを人間に使うのです。

価値観や思考が違う者同士が一緒にいるのですから、合うわけがありません。男性は脳優先、女性は心優先で話がかみ合わない。喋らなくなった夫婦は……想像してみてください。

そして女性は男性に信じて従うというルールがありました。女性は奥方、奥様、家内というように、家の奥にいる存在、自由など全くない、女性の地位の低さを象徴した呼称といえるでしょう。

祖の子どもの特徴

祖の子どもの特徴はどういうものでしょうか。「まず、先祖に可愛がられている子で、国家の行く末など心配したり、親の言うことをよく聞く親孝行だったりする子です。ちなみに、「親孝行をしなさい」というのは、亡くなってから五〇年までの故人の意思です。「親孝行」とは、嘘を言うことです。そして、礼儀正しく、義理人情に厚く、人のために尽くす。学校にも真面目に行きます。

先祖に可愛がられていますので、良いことばかりで、好きなものが手に入り、祖流の良いとされている学校に合格します。受験が近付くと、先祖が本人の器の中に答案用紙を入れてくれるからで、本人の能力とは全く関係ありません。良い学校に合格するには、子どもの頃から睡眠時間を著しく少なくするのです。すると知識、常識の記憶力、暗記力だけが突出し、左脳ばかりが発達します。

このような物やお金本位の今迄流の良い子が、今、紛れ込んで生まれてきているのです。

そして、そういういわゆる祖の良い子が、今、家族の殺人など、いろいろ思わぬ問題を起こしています。「何であんな良い子が……」「そんなことをするような子に見えなかった……」などの感想で人々に衝撃を与えています。

このような特殊な子でなくても紛れ込んで生まれてきた子は、祖の良い子なので、これからの皇の時代には生きられません。

逆に先祖にいじめられ、悲惨な人生を送った人々は、これからの皇の時代はとても幸せな人生を歩むことができます。

ダメ人間なんて本当にいるのか

私が最近気になっていることを書きたいと思います。それは、大人も子どもも共通して、自分に自信を持てない人が多いということです。

でも、ダメ人間なんて本当にいるのでしょうか。

ここでちょっと読者の皆様にお聞きしたいことがあります。

今までの人生の中で、「自分は何の取り柄もないダメな人間だ」と思ったことがありますか。あるいは、周りにそういう人がいませんか。

実は、私はある時期からず〜っとそう思っていました。というのも、私は生まれながらの虚弱体質で、ちょっとした病でも、すぐに大病になってしまうのです。何かやりたいという思いはあるのですが、いざ始めると、体力が付いていかず、必ず体調を崩してダウンし、諦めなければなりません。そうして次々にいろいろなことを挑戦してみるものの、同じ経過を辿って挫折、挫折の人生でした。

そのため必然的に、自分は何のために生まれてきたのか、何の役にも立っていないのに、なぜ生かしてくれているのかと、つねに考えるようになりました。哲学や宗教の本を読んでも答えは出ません。

あるとき、自分なりに見つけた答えは、次のようなものでした。この世に生を受けたのに、私にしかできない何かがきっとあるに違いない……。そういう思いに達したのです。

それから永い年月を経て、遂にこの理論に辿り着きました。私の人生の中で培った出来事や体験のすべてはこの理論に繋がっていたのだと、魂レベルで合点がいきました。無駄なことは何一つなかったからです。

まだ、体の浄化・消化の最中ですので、体調は決して良いとはいえません。しかし、この理論に出合ってから、悲観的だった性格が徐々に楽観的に変わりつつあります。

話を戻します。

では、本当にダメ人間なんてこの世にいるのでしょうか。皆さんと一緒に考えてみたいと思います。

私たちが生まれるためには両親が必要です。女性の卵子の数は人によって異なりますが、一生のうちに排卵があるのがだいたい十歳から五十歳までとすると、約五百二十個前後になります。そのうちの一個ですから、五百二十分の一の確率です。

次に男性の射精一回分の精子の数は、これも人によって異なりますが、約三億個といわれています（最近はもっと減少しているようですが）。その三億個の精子の中から一番秀でた、たった一個が卵子によって選ばれるのです。

さらに受精しても途中でダメになってしまうこともあります。そう考えると、私たちがこの世に生を受けるということは、選び抜かれた奇跡というしかありません。それほどかけがえのない尊い命ですので、存在するだけで凄いことだと思いませんか。

もう一つ、皆様にお伺いしたいと思います。

「自分は産んでくれと頼んだわけではない。親が勝手に産んだんだ」とか、「子どもは親を選べない」と思っていませんか。

私も同じことを思ったことがあります。特に反抗期のときには「もっと立派な家に生まれたかった」「もっと立派な親だったら……」とか、「世の中は不公平だ」などと思っていました。しかし、この理論に出合って、それは大間違いだったことを知り、長年の胸のつかえが一気におりていくのを感じました。

まず、生まれてくるときは、自分自身の意思で生まれてくるのです。

次に、自分が親を選んでいたのです。どのように選んでいるのかといいますと、地上には妊娠四カ月になった妊婦さんがたくさんいます。妊婦さんはそれぞれ固有の波導を持っています。

一方、あの世には生まれようと待機している魂がたくさんいます。その待機中の魂は、自分の幽体の波導と合う、妊娠四カ月の妊婦さんを探し、見つかったら、その中に入るかどうかを決めるのです。

入った瞬間、胎児という人間として認知されますので理論的には堕胎できなくなります。

妊娠四カ月未満は、生きものとはいえ、あくまで「物」なので堕胎できるというわけです。

自分が選んで入ったのに、母親が少し波導を変えたときは、悪阻《ツワリ》という症状が出ます。さらに、母親が何かの都合で、波導を突然大きく変えてしまったとき、胎児は「こんなはずではなかった」と、居心地が悪くてたまらなくなり、自分の意志で出てしまいます。それが流産です。胎児は出たくても出られないときには、母親を転ばせたり、何とか出ようとしたりして、あらゆる手段を取って出ます。そして、また自分にピッタリ合う母親を探し、入り直すのです。

また母親自身が産みたくないと堕胎を決意するのも、胎児の意志によるものだそうです。それ以外の第三者が反対して産めなくさせるのは、先祖の意志によるものです。このとき、もしも先祖の意に反して産んだ場合は、先祖は徹底的に親子を痛めつけ続けるのです。

その先祖も浄化・消化で徐々に消えつつありますので、しばらくすると第三者が反対するようなことはなくなってくると思います。

ここで皆様も気づかれたと思います。父親との関係は、誠に申し訳ないのですが、この段階では全く関係ありません。子どもが七歳までは、母親の影響がとても大きいのです。

たとえば、子どもが自家中毒症になったとします。そんなとき、母親自身が薬を飲むなどして、体調や精神状態を良くすると、子どもの病気が治ってしまうという現象が起こることがあります。

話が逸れましたが、この世に生を受けるということは、並大抵のことではないということをわかっていただけましたでしょうか。

長じてなお、「私なんて何の取り柄もないから」という人がいます。本当にそうでしょうか。

世の中には、確かに見た目華やかで自信ありげに目立つ人と、控えめで地味で目立たない人がいます。けれど、目立つ人が優れていて、地味で目立たない人が劣っているというルールなどありません。第一目立ちたがり屋さんばっかりだったらどうなるでしょう。考えただけでうっとうしく、疲れてしまいます。

その中に、なぜか傍らにいるとホッとするという人がいたらどうですか。地味で決して目立つ存在ではないけれど、優しさや温かみで、人々に安心感を与えられるということは、究極の愛を与える役割を持って生まれた大きな存在だからではないでしょうか。

第三章

転換期の「自立共育」

転換期の共育

今迄の教育は、物質的均一な人間を育てる目的のためにありました。つまり、個性を潰す教育です。

しかし、本来の宇宙の法則から見ると、均一というのは、間違いです。なぜなら、宇宙の法則では本来、個人個人は各々の異なる途を歩むのが縄《タダ》（正）しいからです。人間は物質だけでできてはいません。精心（神）と物質の合成です。その両方のバランスが大切で、バランスが崩れると異常が生じてしまいます。

なぜ、バランスが崩れたかというと、物質的成長がし過ぎた分、精神（心）的成長が置き去りにされたからで、そのギャップが一番大きかったのが、日本人でした。

今迄の時代は、太陽光線の影響で脳が発達した時代で、知識、常識など脳で考える力と記憶力が発達し、何でもできる秀才が持てはやされました。

それに対して、これからの皇の時代は、于由光線の影響で、心が発達する時代になります。直観力、閃きの能力が高く、得意なもの一つ「魂職」しかできない人を天才といいます。学歴は一切関係ありません。

この転換期の共育は皇の時代に向けて個性を伸ばす自立共育に移行しなければなりません。私が特に強調したいのは大人の自立です。子どもを自立させる共育をする大人が自立していないことには話になりません。

日本人が今迄生きにくかった理由がもう一つあります。

日本はもともと縄文の地なので、そのバランスを取るために、もっとも強く彌生流でやらなければなりませんでした。その結果、日本人は本音と建て前の使い分けをせざるを得ない状態になっていきました。つまり、日本人の国民性として和を重んじ、他の国と比べると穏やかで争いをあまり好みません。しかし、彌生時代は彌生流に生きなければならないので、本音を出さず建て前で生きてきました。逆に、彌生地の国民は、彌生時代は彌生流そのまま本音で生きられました。それは何を意味するかといいますと、外国人は日本で生活し易いが、日本人は外国では生き難いということです。よく日本人は笑ってごまかすといわれますが、これはそんな日本人の生きる知恵でした。

また、日本人は、何か問題が起きたとき、デモをしないと批判されます（最近は、原発反対のデモや防衛問題のデモが活発になっていますが）。さらに最近の日本の学生は、留学をしたがらないとか（数字のマジックもあるらしいですが）、社会人も海外赴任を嫌がるなどと非難されています。これは、日本ならではの現象といえます。

その理由を探ってみますと、これからの天縄文の皇という時代は、高度精心文明の時代です。もともと縄文地の日本は、これから精心分野の中心地になり、世界一幸福な国民に変わります。本来日本人が持っている優しさ、穏やかさ、和を大切にするなどの特徴を思う存分発揮できて、本音で生きられる時代になります。そして、日本を訪れる外国の人々にとっても、癒しの地になるのです。

そういう時代の変化を、若者や感性の強い人々は、読み取っていますで、日本に居たいのです。若者の巣ごもりも同じ現象で、まだ彌生の空気の消えないうちは、争いを好まない人は怖くて外に出られません。

引きこもりは……

近年問題になっていることに、引きこもりがあります。

引きこもりといっても、それぞれ状態に差がありますので、解決方法は一概にいえません。私もかつて引きこもりを経験したことがあります。ある会社で働いてきたとき、上司同士の派閥争いに巻き込まれて、いじめに遭ったのです。それでも頑張って行っていたのですが、ある朝起きようとしても起きられなくなりました。母は「会社に行かないの⁉」と怒ります。しかし、次の日も、次の日も起きられず、一日中、布団をかぶって寝ている状態です。意を決して母に、「会社を辞めたい」と伝えました。母は私の様子を見ているうちに諦めてくれたようで、「そんなに嫌なら仕方がないわね」と許しが出ました。退職してから以後、誰にも会いたくない、誰とも話したくない、ただただ一人になりたくて部屋に引きこもりました。昼間は母と二人きりになるのですが、母を遠ざけ、なおも引きこもり、好きな曲のレコードを聴きながら読書をしていました。母は「そんなに私が嫌い？」と泣きます。心の中で、「そうじゃない、お母さんのこと大好きだよ。だけど今はそっとしておいて」と思いながら、それを口に出すのも煩わしかったのです。

今になって思えば、そのことばを母にきちんと告げておけば、あれほど母を悲しませずに済んだものをと思うのです。けれど、当時は若さゆえなのか、それさえできないほど、状態が悪かったのか……。当時は医師に相談するという発想はありませんでしたが、病院に行っていたら「病名」が付けられていたかもしれません。幸い私は短期間で立ち直り、アルバイトができる状態にまでなりました。

今、改めてあのときのことを思い出してみると、母が私の望む通りに一人にしてくれたことで、どんなに助かったかと思います。あのとき、母がもし過干渉的行動をとっていたら、私はどうなっていたかと、ゾッとします。もうこの世にはいない亡き母に感謝しています。

私が敢えてこのことに触れたのは、今、引きこもりのお子さんを持つお母さんに伝えたいと思ったからです。お子さんがお母さんを避けて一人で閉じこもっていても、お子さんは、お母さんを嫌いになったわけではありません。ただ、一人になりたいだけなのです。若さゆえに自分の限界を越えたとき、一人でこもりたくなるものなので、そのときはそっとしてあげることも一つの方法ではないかと思います。

近年は熟年層の引きこもりも問題になっています。親世代は高齢ですので、自分がいなくなったらどうなるのかと心配されているようですが、親がいなくなったら外に出ざるを得ませんので出ていきます。また、皇に近づくにつれて空気が柔らかくなりますので自然に出たくなります。いずれにしても、親が逝った後の心配は無用です。

学校・家庭教育の変化

今迄の競争社会の中にどっぷり浸かって、競争に慣れ切ってしまった大人たちは、もう時代がどんどん変化していることに気付くこともなく、気付こうともしません。

そうした鈍感な大人たちに対して、子どもたちは本能的にかつ敏感に時代の変化を察知していて、祖のシステムや均一的な学校教育が、嫌なのです。そのために学校に行かない子どもが増えているのです。

最近、私に寄せられる一番多い質問は、学校に行かないお子さんを抱えるお母さんからです。「うちの子が学校に行っていないんですが……」と沈んだ声で言われます。どこか引け目があるからでしょうか。ですが、そのとき、私は心の中で（良かったですね、おめでとうございます！）と囁きながら、「お子さんの意思を尊重して、その気持ちに添ってあげてください」と、申し上げています。

なぜなら、一つの大切な命が救われたからです。お子さんが学校に行きたくないと言うからには、何か理由があるはずです。たとえば、いじめ、あるいは、授業が楽しくない、学校の勉強をしても将来役に立つとは思えない、あるいは、授業に付いていけない、先生が嫌い等々です。

今一番社会問題化しているのは、いじめによる自殺と、主に父親または母親による教育虐待です。この問題がとてもむずかしいのは、何が正しいという答えがないことです。というのも、いじめているほうはもとより、いじめられているほうも、誰にも相談しないことがほとんどだからです。先生に言っても……と躊躇し、かといって親しい友人もいない、親には心配させたくない。ましてや親が原因の場合、結局一人で悩むことになります。人生経験の浅い子ども一人で解決できる問題ではありません。その結果、死を選んでしまうことになるのです。

いじめの事件の場合、たいてい学校側の責任になるケースが多いように思いますが、お子さんの異常に一番気付きやすいのは、やはり同居人であるご家族ではないでしょうか。お子さんが表面上だけ元気そうに装っていても、気を配っていれば何らかの変化を感じることができるのでは……と思うのです。

ここで、私が特に親ごさんにお願いしたいことは、もしもお子さんから「学校に行きたくない」と相談されたら、よ～くお子さんの話を聞いてあげてほしいのです。そして、お子さんの意思を尊重し、お子さんの気持ちに寄り添ってあげてください。

そのとき、親の見栄や世間体などを気にして無理やり学校へ行かせようとすれば、お子さんは学校へ行くか死かの選択しかありません。

死を選ばせるほど、学校の勉強が大事だと思いません。誰が何と言おうとこの世で一番大切なのは「命」です。

ですから、常日頃からいじめの問題は、家庭であらかじめ、話し合うのが良いでしょう。「何かあったときは、必ずあなたを守るからね。お母さん（お父さん）はあなたの味方だからね」と何でも話せる雰囲気を作っておくことも大事です。

親子関係で特に注意しなければならないことは、「子どもは親のものではない」ということです。

自分の産んだ子であっても、「他人」なのです。子どもには子どもの歩むべき人生があり、親には親の歩む人生があって、決して同じ途ではありません。一人一人別々の人生を歩むのです。親の考えを一方的に押し付けるのは、お子さんの人生を狂わせてしまうことになりますので、くれぐれも注意していただきたいと思います。

昔と違い、今は学校へ行くだけが勉強ではありません。受け皿もいろいろ増えてきています。

子どもは学校が嫌いなのではなく、不要な勉強が嫌いなのです。好きな友達がいるから、学校へは行きたいと思っています。

そこでもし、いじめられたとしたら、それは学校へ行く必要がないということを、自然が教えてくれているのです。学校へ行かない子どもは、必要ないから行かないだけのことです。子どもは自分の人生にとって、何が必要なのかがわかっていて、必要でないものは要らない、しないという感性が働いています。不要な知識のことをゴミといいますが、ゴミを詰め込むほど苦をつくることを、本能的にわかっているのです。不登校になったら、親や周りの人は黙って見守ってあげてほしいと思うのです。子どもは自分の好きで楽しいことを見つけ出したり、すでに見つけたりして、それに没頭するでしょう。

そのような子は知恵も豊富ですので、もうすでに次の時代に一番大切な「自立」の第一歩が始まっているのです。親世代が後生大事に抱え込んでいるこれから不要な常識を避け、親の理解を超えた領域に移行しているのです。そのため、何も心配することはありません。

これからの皇の新しい時代に、使えないゴミを一〇〇パーセント詰め込んでいると、血液がドロドロになり病気になります。このようなことを書くと、今迄の知識や常識とは余りに違い過ぎるので、拒絶反応を起こされるかもしれません。

ならば、テストで〇点を取った子や、学校に行かなくなってしまった子どもに、大人が解決できないことを相談してみてください。瞬時に解決してくれると思います。今の子どもは大人が思っている以上にしっかりしています。

本来、人間は生まれてくるときにはすでに、歩むべき方向性、途が決められています。ですから方向性は皆バラバラです。自分がAとすると、Aのみが必要なもので、あとのものは自分にとって不要なものです。魂の己録にも自分の不要なものは、消されているのだそうです。

よく「日本人は学校で英語を勉強しているのに、英語が話せないのが不思議だ」といわれます。しかし、不思議でもなんでもないのです。本人にとって必要ないので英語の部分が己録から消されているだけのことで、その人は魂の己録に記されている魂職をやるうえで、英語は必要ないということなのです。

問題なのは、親御さんがこの理屈を知らずに、幼児期から子どもが嫌がるのに無理矢理詰め込ませたらどうなるのかということです。

そのうえ、もう最近では、血液が皇の時代に向けて変化していますので、自分に必要なことしか血液に記憶できなくなってきています。それなのに、大人が自分の慾と今迄の常識で、知識を詰め込ませようとすると、子どもは意に反することを無理強いされて、血液がドロドロになるとともに、心と脳のバランスを崩し、病気になってしまいます。

それどころか本来、個性が豊かなために学校についていけない子どもに対して、無理矢理向きを変えさせようとしても変えられません。さらにそのとき、子どもは自分の途を命がけで守ろうとします。最悪の場合、強要した人を殺してしまうことさえあります。そうならないためにも、親の理解がとても大事ですので、十分注意して子どもを見守ってください。

最近は生徒だけでなく、先生も同じ理由で不登校になってしまうケースが、多くなっているようです。

今や親の立場にある皆様も、かつて土、日、祝日、長い休暇の翌日には、学校や職場に行きたくなくなるという経験があった、あるいは今もあるという方も多いと思います。

その現象は、たとえつかの間であれ、不要な知識、常識、記憶などのゴミが、少し消えてきれいになるからなのです。

そして、もう一つ振り返ってみていただきたいのは、日常生活を送っていて、学校で勉強したことのうち、どれくらいが役に立っているでしょうか。

それよりも世の中に出てから学ぶ方がよほど多いのではないかと思うと、世の中の生き方を学ぶことの方が大事だと思うのですが、学校ではほとんど教えません。世の中の生き方は世の中でしかわからないのです。

家庭共育

共育期
1歳
2歳　教える。生きていく基本的なことを教える。勉強は駄目。遊ぶ
3歳

共育期	4歳	
	5歳	反抗期…放っておく。必要な時に会話をする
	6歳	
結果	7歳	総仕上げ。修正、結果
黙観期	8歳	黙って見守る。ここまで教えると狂ってしまう
	9歳	
黙観期	10歳	
	11歳	
	12歳	黙って見守る
	13歳	
	14歳	
自立準備	15歳	
	16歳	
	17歳	完成させる。手を加えると完成せず、自立できなくなる
	18歳	

「19歳

自立
「20歳　自立＝羽（はばたく）で飛び立つ

飛び立ったら二度と親元に戻らない。落ちても親は知らん顔

今迄の教育は1～3歳迄の教育を反復し、延々と教え続けるため、自立できない。

異次元に生きる子どもたち

今迄の祖の時代の一方向性社会とは真逆にいる、あるいは、そこに近いところにいる天才的子どもは、成績が良くない、学校に行きたがらないのは当然のことであり、学校に行かない児童は、これから新しい時代になるという、時代の変化を身を持って教えてくれているのです。学校に行かない児童はまさに、自立の第一歩を踏み出したのであり、個性豊かな感性のいい、将来有望な子どもである証なのです。尊重し、さらなる自立に向けて育ててほしいと願うばかりです。

実は、こういう学校に行かない子どもたち、巣ごもり、引きこもりの人こそ、次の

皇の時代に活躍する人々です。そして、日本語は精心領域を受け持つ言語なのだといいます。

このように日本は、これからの重要な役割を果たす使命を持っています。そのために、本当に縄しいもの、ことは何であるかということを、まず知ることです。縄しいものことがこれだとわかった瞬間に幸福になります。どういうことはありません。精心と物質のバランスを取っただけで、幸せになるのです。

地球は今迄、マイナスの星でした。知量一〇パーセント、知質はマイナス二〇という星でした。知質がマイナスということは、知識を入れれば入れるほどマイナスになるというわけでマイナスのことをやった人ほど偉くなりました。

ところが、これからの時代は、地球がプラスの星へと変化します。二〇二三年から地球の銀河系がプラスの星に変わったといっても私たちが本当にプラスになったとわかるのは一二年後の二〇三五年まで待たねばなりません。

さらに、一段階上のワワコという宇宙の知量は四〇パーセント、知質はプラス一〇でしたが、宇宙のプログラム（一周七京年）が、平成五年八月八日（一九九三年）に一二段階に入ったために、私たちが住む宇宙ワワヨが、一段階上のワワコのレベル、すなわち知量四〇パーセント、知質一〇に、格上げされます。

そこで、今度はプラスの人ほど能力が発揮できます。今の学生が学校に行きたがらない、行かないのは、マイナスの知識を詰め込みたくない、遊んでいると自動的にプラスになることを、本能的に知っているからです。学力が落ちていることが、正常な状態なのです。先生が一所懸命教えても、頭に入りません。教え方が良い悪いの問題ではありません。なにしろ、七京年に一度のプログラムの変化なのですから……。

家庭、家族の変化

まず、家庭、家族のところで、一番大切なことを述べておきましょう。

それは、たとえ親子であれ、夫婦であれ、兄弟、姉妹といえども、すべて「他人」であるということです。

「他人」とは、自分以外のすべての人のことです。ですから自分の自由も家族の自由も、お互いに尊重しなければなりません。自由といっても、今迄の自由とは全く異なるもので、これからの時代の自由とは「絶対的自由」のことです。

絶対的自由とは愛

「絶対的自由」とは、人生の目的の一つで、人間が課せられた宇宙のルールの一つでもあります。これは、大変深い意味があり、一言で表現すると、自分の人生に他人を介入させない、他人の人生に介入しないことです。相手がどんな状態にあろうとも、相手から頼まれないときは、他人が手を差しのべたり、助言をしたりせずに、黙って見守ってあげることです。これが愛です。

頼まれないこと、本人が嫌がることを無理強いして、自分の思い通りに振り回すことを「おせっかい」といいます。おせっかいの代表例が、説教、説得、偽善などです。他人から見て、どんなに困難なことに映ったとしても、不幸に思えても、本人はそうではないかもしれません。

たとえば、ある人が大病を患ったとします。端から見ると大変だなあ、可哀想にと思います。しかし、本人は入院したことによって、今迄できなかった休養ができ、人生を振り返ったり、人生を深く考えたりして、その後の生き方ががらりと変わるということがあります。その人は多分、機会を与えてくれた自然や病気に感謝しているかもしれません。そして、充実感で幸せに満ち溢れているかもしれません。他人にどう映ろうと、本人は困難を克服するための気付きや学習をして、この困難を乗り切ったことで、自信に満ちていることでしょう。

このように、困難や本人にとって良くないと思うようなことが起きた場合は、本人の思考、行動がズレていますよと、自然が教えてくれているのです。自然は苦しめるためにやっているわけではなく、早く気付いて欲しいと思って与えている試練ですから、本人が乗り越えるしかないのです。

その自然が本人にせっかく与えた貴重な気付きのチャンスを、他人が奪ったとき、自然から裁かれるでしょう。

この「絶対的自由」というのは、宇宙のルールですから、絶対に守らなければなりません。

しかし、もしも本人から助けを求められたとき、そして自分も心からやってあげたいと思ったときは、どうぞ温かく手を差し伸べてあげてください。それは自然も見守ってくれることですから……。

つまり、今迄のいう自由と、これからの時代の絶対的自由の大きな違いは、相手が望むか、望まないかに尽きるということだと思います。

このようなことを書いていると、「とは言っても……」という反論が聞こえてきそうです。

なぜなら、皆家族は他人と思えないからではないでしょうか。家族が苦しんでいるのを見て、放っておくような冷たいことなんてできないというのが本音でしょう。家族が苦しんでいたら心配で心配で、つい手を出し、口を出したくなるのが情というものです。

たとえば、家族の誰かが「今日こんないい話を聞いたから、あなたもやりなさい」とか、「○○病院がいいらしいから行きなさい、明日絶対に行きなさいよ」とか、「ちゃんと勉強しないとお父さんみたいになっちゃうわよ」とか、「あゝしなさい」「こうしなさい」「あれしちゃだめ」「これしちゃだめ」と朝から晩まで言っていませんか。いちど今日一日の家族とのやりとりを、思い返してみてください。言う人の立場からすれば、家族のためと思っておられるのでしょう。しかし、あまりにいき過ぎると、家族同士の悲惨な事件に発展してしまう場合がありますので、くれぐれも気を付けてほしいのです。

絶対的自由の究極は、「死にたい！」と聞いても「あ、そう」とそれさえも認めてあげること。引きこもりの人を無理矢理連れ出すのもルールから外れます。時期が来れば自然と外に出られるようになるからです。

それでも今はまだ、時代の転換期ですから、情で動かれてもそれほど害はありません。ですが、これからの時代は今迄の情から、自然の愛を受け止める時代に変わるのです。ちなみに「情」とは「愛」に付いたゴミのことです。情は可哀想という同情からくるもので、相手の能力を尊重せず、見下したところから出るもので、大変失礼なことです。そして、頼まれもしないのに、手取り足取りすべて教えて、その人を「自立」させないようにしてしまうことです。

真の愛とは、自然の愛、つまり、対価を求めず、本人がどんな状態であっても、本人の能力を尊重して、温かく見守ってあげることです。

この「家庭、家族の変化」の中で、あえて「絶対的自由」を持ってきた理由は、特に家庭では、やりにくいことなので、伝えたかったのです。

なぜなら、皇の時代に入ったら、おせっかいは殺人と同罪なのだそうです。宇宙のルールに従っていないと、生きられないからです。情状酌量などもありません。

皇の時代は宇宙のルールさえ守れば、明るく樂しい時代です。そのためには、宇宙のルールがどういうものかを知らなければなりませんので、こうして皆様に、知り得た情報をお伝えしようと思ったのです。

皇の時代の立呆《リツホ》という生き方

「立呆」とは一個人個人自己責任で自立して自由に生きることをいいます。祖の時代の何でもダメと相手を妨げる「立渉《リツホ》」という生き方に対することばです。

ここでいう自由とは、今迄流の只の自由ではなく、絶対的自由のことです。

「絶対的自由」とは、一言でいえば、他人の人生に介入しない、自分の人生に他人を介入させない、ということです。自分以外はすべて他人であるということを、つねに心に留めて生きる。たとえ家族といえども、親子、兄弟、姉妹、孫、親戚すべて他人です。他人のすることに口出し、すなわちお節介をしないというルールです。

「お節介」とは、他人のためと偽って、自分の都合の良いように、相手を思い通りに振り回すことです。お節介は皇の時代になると、殺人と同じくらい罪の重い行為ですので注意してください。特に注意を要するのは、親子や孫との関係です。今の子どもは親や祖父母からいろいろ干渉されると、喋らなくなり、家出する。逃げ場がなくなったとき、攻撃的になります。

近年、過干渉の母を持つ悩みが表面化しています。母親が娘を自分の所有物と思うことから起きる悲劇です。「あなたのために言っているのよ」という決まり文句は、娘にとっては「悪魔の囁き」でしかありません。そのことばに乗せた母の思いとは、自分の思い通りに従わせたい親のエゴにすぎません。この母娘の関係でやっかいなのは、母は娘の幸せを願い、娘も母が好きということ。娘は母に嫌な思いをさせたくない、母の期待に応えられないという思いから、母に何も自分の意見を伝えられず一人で悩んでいるのです。

その娘のさらなる悲劇は、長じて四十代、五十代になっても一人では何も決められず、自立できなくなってしまっていることです。

また、近年、若者の未婚者が増えて、実家に居候する子を持つ親の悩みは尽きないようです。親は早く結婚させたいと思い、子どもが結婚する気があるのかないのか心配で、親同士が集まって、子どもの結婚相手を見つけるという、昔話のようなことが、まだ現実に行われている光景を目にするたびに、溜息をついてしまいます。

子どもは生まれたときは、皆藝人《ゲイニン》です。

好奇心旺盛、意欲満満、心と脳全開の状態です。ところが、そこに親の教育が入ると、競争、選別、親が我が子に対して頭が悪いと思うと、途端に子どもは心と脳を閉じてしまいます。結果、良い子、悪い子、普通の子というレッテルを貼られるのです。

いのちすなわちルールからみると、例外なく親より子どもの方が優秀にできています。いわゆる〝トビがタカを産む〟状態です。しかし、親の教育を通過することによって、タカが結果的にトビやカラスになってしまうわけです。

幼い我が子から「○○へ行ってくる」と言われたら、もうそれは異常なことです。本来なら何の断りもなく出掛けるのが正常なのです。百歩譲って「○○へ行って来る」と言われて、行き先がとても危険な所だとわかっても、「行っておいで」と言えますか。一四歳迄の子どもには暴走し出したら、アドバイスをしても大丈夫です。が、今の子どもは親よりずっと賢いです。親が危険だと思っている人生の途を歩むことになったとしても、子どもは難なくやって退ける能力を持っているのです。そこで親から見て失敗に見えても、それも本人の学習になるので見守ることです。最悪命を落としてもそれ迄の命、失敗してもしなくても、死ぬときには死ぬというように、時代の流れとともに気楽に思えるようになっていくでしょう。これが本当の愛というものです。

自然はその人に必要なときに必要なことを起こしてくれます。

「愛」とは、宇宙のルールに則って、黙って成長を見守ることです。夫婦も同様に愛で見守りましょう。今はまだ無理でも、徐々に〝情〟はなくなり、皆ドライになっていきます。

子どもや孫を必要以上に可愛がるのは、情で過干渉になっているのであり、これは対人関係の失敗の穴を埋めるための行為であることを認識してください。

読者の皆さんは、親子関係、孫との関係、夫婦関係はどうでしょうか？　もうドライな関係を築かれているでしょうか？　それとも今悩んでいる最中でしょうか？

親世代の多くの人が描く「幸せな人生」とは、良い学校に入り、良い会社に就職し、良い人と結婚して、子どもを産んで……というシナリオです。

私の母も結婚に関してはそうでした。

母は私と違って、とても社交的で付き合いの広い人でした。「小山内さんのお嬢さんだったら間違いないから」と次々にお見合いの話が舞い込み、母の顔を立てて、最終的に三十人超の方々とお見合いをしました。

そのとき私が強く感じたことは、「仲人口とはいい加減だな」ということでした。私と母は性格も考え方も生き方も、全く違ったからです。

それまでの私を取り巻く家庭環境を見つめてきて、私は私なりの思いがあり、一人で自由に生きたいと、決めていました。けれど、そのことは母には言えませんでした。私が三十歳を過ぎてから、母は何も言わなくなりました。諦めてくれたのだと思っていましたが、母が亡くなったとき、親戚の人から、母が大変心配していたと告げられました。母を悲しませたことは、とても申し訳なく思います。ですが、私には私の人生があり、独身でいることも必ず意味があるのだと、一人だからできる役割があると、そして、今とても幸せであることを、亡くなった母に告げました。

そういえば、思い出しました。理論では、これからは、今迄のような結婚はなくなると話していた師が、自身のお嬢さんの結婚を強く望んでいたことを。そして、師は二人の花嫁の父になりました。このように師といえども親子になると、なかなかドライな関係はむずかしいようでした。

しかし、これからは時代の流れとともに、皇のルールに則って、皇流に変えていかなければなりません。子どもは生まれたときから固有の存在であり、固有の人生を歩むために、生まれてきているのです。

自分以外のすべての人は「他人」なのだと自覚することから始めてみませんか。そして、親は子どもをそっと見守るだけ。その結果、子どもが親の描く幸福像から外れたとしても、それは子どもの人生です。子どもを一人の別人格者として尊重し、見守ることこそ、親の本当の「愛」ではないでしょうか。確実に子どもは親の世代より進可していますので、安心してください。

結婚から綸婚《カンコン》へ

結婚について少し触れたいと思います。今迄の祖の時代の結婚は、世の中のルールに沿って行われていました。つまり、家と家との結び付きで、お互いの先祖同士があの世で「うちの子とお宅の子を一緒にさせよう」と相談して、この世のそれぞれの両親やお仲介さんに信号を送ると、信号を送られた人がその通りに動き、子どもはいつの間にか夫婦にされているのです。ですから、昔の夫婦は、結婚初夜に初めて顔を合わせたというのが少なくなかったと聞きます。

もしも、この形を破って恋愛し、両親や親族の反対を押し切って結婚した場合、先祖は許さず、とことん痛めつけて、不幸の連続だったり、先祖がもっと怒ると、当然離婚させられたりします。

そのご先祖さんも、もうほとんどがお休みになられ、いなくなりましたので、そのようなことはなくなりました。そして、今は晩婚です。

ここで少々私が結婚に対して、気になっていることを書きたいと思います。

それは「結婚」に憧れを持っている人がいることです。その人たちの思いは、今自分が幸せでないのは結婚していないから→結婚すればきっと相手が幸せにしてくれる……というものです。

けれど、これは幻想です。こういう考えの人は、結婚しても絶対幸せにはなれません。なぜなら、「幸福」というのは、自分がつくり出すものだからです。

皇流の生き方をしたい人は、自分から相手を探しに行かないこと。慾で探して結婚しても、良い結果は出ません。結果は自然が出すのです。

特にこの浄化、消化の時期に気を付けなければならないことがあります。

それは、交際相手です。交際を始めた時点ではお互いが好きという感情は、自分自身ではなく、自分の内にいる祖の人が好きなのです。どちらか一方が浄化、消化で出てしまった場合、「あら、私何であんな人を好きだったのか？」と、一方的に別れを切り出すことになります。それによって近年、ストーカーの果てに殺人事件にまで発展する場合が多くなっているのは、そういう理由です。

この現象は夫婦関係も同じです。今迄我慢していたけれど、どちらかが先に浄化、消化が進むと、何でこの人と……？　という感情が噴き出して別れたいけどと悩んでいる人、または離婚に至る人が増えています。今迄結婚とは苦労して当りという先祖が消えた証拠です。

変わって皇の時代は「綸婚」といいます。綸の字のつくりの命とは、ルールの意味で、糸へんは結び付くという意味ですから「綸婚」とは、宇宙のルールに従って、縄《タダ》しく結ばれるという意味になります。

輪婚とは夫婦ではなく、自立した人同士だけが人生のパートナーという関係に変わります。

ですから相手は、男対女、女対女、男対男、親対子、兄対弟、姉対妹、友人同士、老人対若者など、どんな組み合わせでも良いのです。お互いに気が合い、樂しく、楽に暮らしながら、人生も豊かに向上するよう学習していく関係になります。

暮らすといっても、必ずしも一緒の家に住む必要はありません。一人暮らしをしても自由です。いずれ戸籍制度はなくなり、背番号制になります。日本での「マイナンバーカード」がそれに当たるのでしょう。

ここに、皇の時代のパートナー（友）の種類を表にしておきます。

それを見ていただく前に、人間の構造のお話をしなければなりません。お子さんが生まれたとき、「五体満足で生まれてきた」といいます。

この五体の本当の意味は一番奥から「魂」「靈」「靈躰」「幽体」「肉體」のことで、これを五体と呼びます。このことを頭に入れて読んでください。

では、皇の時代の「友」の種類をご紹介します。

一　魂《コン》　友《ユウ》

二　靈《レイ》　友《ユウ》

三　靈躰の友

四　幽体の友

五　肉體の友

六　肉の友

魂が繋がっている友で、一生ともに歩む友です。誰でも十人以上います。同居でも別居でも構いません。同居するのはこの友だけです。この友とは子どもはつくりません。

一生付き合う友。同じ人生観を持ち、精心的に磨き合う友です。

仕事や商取引を一緒にする友。会社をつくって一緒になっていく友です。

遊ぶ友。子どもをつくる相手です。

自分の肉親、親子・兄弟・姉妹のことです。

耳・目から情報。つまり、無縁でもヒョッと見て「きれいな人だなぁ、好きだなぁ」と好感の持てる人。話はせず思うだけ。通り過ぎたあとは、瞬間に外れる。お金・もの・物質を左右するのでとても大切です。

七　心の友

話をして楽しい人。心が弾む、心が和む、癒される人のことです。また、野生の動物やペットもここに入ります。

八　脳の友

学校の友、一緒に勉強[1]した友、学習した友。学友のことです。

九　臓《ゾウ》友《ユウ》

大昔、目は目同士、心臓は心臓同士、海中で泳いでいました。しかし、これでは生きていくのに不自由なので、寄っておいでと、それぞれバラバラにして合成してつくられました。そのときのバラバラにされる前の臓器の友です。

臓器移植は昔の臓器の友で、敵のものを貰った場合、拒絶反応が起きて死に至ることになるのです。また、食品の動物・植物・

(1) 勉強は好きではないのに強制的にさせられる。学習は自ら進んで行う

鉱物など、口に入れられる物を扱っている人で、瞬間的にほんのちょっと話した人。たとえば旅行先で食品を扱っている誰かと話をするとか、食品を売る人と買う人がちょっと会話をしたり、食事処での店員さんとお客さまがやり取りをしたりなど、ほんの少し話をする友のことです。相手がとても愛想が良いときは、良い食事ができます。気分が悪い対応をされたときは、お店を変えることです。そうしないと、食中毒になりますので、注意してください。

自分の臓器が正常かどうかのチェック方法ですが、道を歩いている人に、ちょっと声をかけてみてください。不愛想なときは、臓器が弱っています。安くても美味しい物には出合えません。

十　細胞の友

自分に直接縁のない人。たとえば、道を歩いていて瞬間的に目に留まる人、または動物。見たこともない人同士の話が耳に入ることもあります。そのとき、自分が正常なら、自分にとってプラスの話が入ってきます。自分が異常なときは、喧嘩の話や嫌な話を聞く羽目になります。

十一　微生物の友

ウイルス、細菌、真菌（カビ）の友です。正常なら健康で何も起こりませんが、異常になると病気になります。

十二　植物の友

自分が正常なら、枯れない植物が手元に来ます。自分が育てる植物は、自分が縁を結んだ植物です。大事に育ててください。

自分がウイルスから昆虫をやっていたとき、動物をやっていたとき、そして人間になって、前々世、ず〜っと長い間友人としてやってきた波導の合う人・もと・ことしか縁はありません。従って、これからは八方美人ではいられません。好き嫌いがハッキリしてくるのは、魂と繋がった証拠であり、浄化・消化が進んだ証拠でもあります。浄化されず体内に不要なゴミが一杯入っているときは誰とでも付き合うことができますが、ゴミが消えてきれいになると、本当に波導が合う人としか付き合えなくなります。

今迄の付き合いは損得で成り立っていたのですが、これからは自分に合うか合わないか、好きか嫌いかで決まります。大切なことは、自分が本当はどうありたいのか、何が好きで、何が嫌いなのか、自分を偽らずに正直に出すことです。それは、他人に対して正直になることでもあります。正直に出すとお互いが楽です。

以上、家庭における主なポイントを挙げましたが、皆様の中には、今迄の常識や価値観とはまるで違うので、なかなか理解しにくく、受け入れがたいことかもしれません。しかし、徐々に、そして確実に時代は変化しつつあるということだけは、念頭に置いていただければ。知っているのと知らないのとでは、ずいぶん違うのではないかと思います。

縁順

今迄の大事な縁の順番と、これからの大事な縁の順番の違いを書いておきます。

まず、今迄の祖の時代の縁順です。

①親、②兄弟、③親戚、④子ども、⑤夫婦（自分）、⑥友人、⑦無縁の順になっていました。

これを見ると、夫婦が自分ということになります。すると自分より大事なのは、親であり、兄弟であり、親戚であり、そして子どもになります。ですから、子どもが病気をしていても、親の看病の方が最優先ということです。

変わって皇の時代になりますと、①自分、②友人（パートナー）、③子ども、④無縁（知らない人）、⑤親、⑥親戚、⑦兄弟の順になります。

これを見ると祖とは一変しています。まず大切なのは自分です。子どもより友人（パートナー）が先に来ているのも注目点です。もう一つの注意点は、祖にも皇にも孫は入っていませんので心してください。そして無縁の方が親より先に来ているのが、興味を引くところです。今迄の祖の時代には、家族、親族が大事で、無縁のいわゆる「赤の他人」は、縁が遠い存在でしたが、皇の時代にはこの無縁の人がとても大事な存在になります。

そして、古い友人がどんどん去って、浄化され、きれいになった自分と波導の合う無縁の人が、新しい友人になっていきます。そのため、友人はがらりと変わるでしょう。私の場合、小笠原さんから「今迄の縁は全部切れ」と言われて切りました。それは実験だったと思います。が、私自身、体調が余りにも悪く、現実問題、誰にも会うことができなかった！　というのも事実です。その後、まさに私はこの皇縁に変わりました。楽で樂しいです。皆様も樂しみにしてください。

家事はもう女の仕事ではない

主婦の皆様にお尋ねします。「家事は好きですか？」。ほとんどの人は、家事がどんどん嫌になっているのではないでしょうか。

この現象も、時代が変化しているために起きている自然の意思なのです。これも、人間が今迄の世の中の管理下から解かれて、自然の管理下に置かれた証拠なのです。つまり、自然が家事を嫌うと、私たちも家事が嫌になるという理屈です。ですから、主婦が怠け者になったのではなく、自然のルールによって変化しているのであって、結果、今迄のように家事は主婦の仕事ではなくなります。

もうすでに自然は、私たちの家庭での在り方を変えてきています。家によっては、家事は主婦から「主夫」に逆転しているところも増えてきました。その家の事情で妻でも夫でも家事が好きで得意な方がやればいいのです。

ここで少々頑固親父、亭主関白を自認している殿方に、そっと囁きたいと思います。「男たるもの厨房に入らず」「自分のものが家のどこにあるのかわからない」という方は、今、だいぶ少なくなっているのではないかと思うのですが、今もそのような方がいらっしゃるようでしたら、そろそろ通用しなくなりつつあります。

これからの時代は、自立した者同士がパートナーとして生きていくというのが、時代の要請ですので、せめて妻が安心して外出できるくらいまでになられたら、いかがでしょうか。

さらに時代が進むと、家事全般がロボットに代わっていくでしょう。もうすでにお掃除ロボットが出ていて、勝手にお掃除をしてくれます。

これからの皇の時代のルールは、「楽に」がテーマですから、本当に生活が楽になります。

以上、家事のこれからの方向性は、おわかりいただけたと思います。

女性の時代がやってきた

近年はもう、誰もが「女性は強いなあ」「元気なのは女性ばかりだ」と認めているように、本当に女性がイキイキと輝いています。

それに対して「男性は弱くなったなあ」「男性にもっとしっかりしてもらわなければ……」と嘆き節も聞かれます。

今迄草食系、肉食系といったら、動物の分類方法でしたが、近頃は、草食系男子、肉食系女子ということばが流行し、さらに、絶食系男子ということばが出現して定着しました。あるいは、性別も意識しない、恋愛感情が全く湧かないという方々も出てきました。

行動だけでなく、男性の外見が昔と比べてずいぶん変わりました。昔の男性は顔が大きく、えらが張って、体はがっちりしていましたが、今の若者の体形は、顔が小さくて体はほっそり線が細く、女性的になっています。体型だけでなく、思考も女性的になってきています。この変化は女性にも見られ、思考が男性的になってきているのです。こうして眺めてみると、昔とはずいぶん時代が変わったなと実感します。

そうなんです。実は女強男弱、男性の女性化は、女性の男性化、つまり両者の中性化は、宇宙のルールによる時代の変化を、目で見える形で、私たちに教えてくれている現象の一つなのです。その代表的なものがユニセックスファッションの出現です。

これからの皇の時代は、女性中心の時代になります。このような現象が起きていることは、ルール通りに時代が進んでいることの証なのです。ですから、男性に今迄のように、強くぐんぐん引っ張って行って欲しいと望んでも、もうその願いは叶わないかもしれません。なぜなら、男性が弱くなっただけではなく、「自立」が時代の要請だからです。寄りかかるのではなく、自立した者同士がパートナーとなるのです。

女性の時代の象徴といえるのは、街中のお店が変化していることです。今迄男性向けだったお店を女性対象に変えたり、あるいは女性が入りやすいように工夫したり、また、女性が一人でも入れるように、一人一人間仕切りをして、他のお客さんと顔を合わせずに食事ができるというように、変化が目に見えてわかるようになってきました。

これからは女性を中心にものごとが成り立っていく時代ですから、この動きはますます加速するでしょう。

当然、会社でも社会でも、政治、経済、経営、学校など、どの分野においても、これから女性の進出が目覚ましくなります。逆にいえば、これからは、女性を受け入れないところは、伸びていきません。日本はその点で大分遅れているように思います。その日本にも時代の変化は否応なく押し寄せてきているのです。

ここで少し、男女の構造の本質を話してみます。

まず、男性は表面上は凸すなわちプラスですが、中身はマイナスになっていて、プラス、マイナスでバランスをとっています。

一方、女性は表面上は凹すなわちマイナスですが、中身はプラスになっていて、プラス、マイナスのバランスをとっています。

バランスをとるというのは、男性は中身がマイナスで弱いので、表面上は凸すなわちプラスにして、腕力を備えて強く見せかけているのです。

逆に女性は中身がプラスで強くしっかりしているので、見せかけはマイナスにして、弱々しくされているわけです。

この理屈から考えると、女性と喧嘩をしたら、口では男性の方が負けることになっているのです。

これで気付くことは、男女を問わず、大人しい人ほど中身は強くしっかりしていて、逆に、表面上はきつそうに見えたり、強そうに見える人が、案外弱かったりするのも、この理屈であるということです。

ちなみに、ひげを生やしているのは、自分を器より大きく強く見せたいという願望の現れであり、本心を言わない、言いたくないという心の現れだそうです。

ところで、皆様のご家庭は今、どんな様子でしょうか。昔からいわゆる「かかあ天下の方が家庭はうまくいく」といわれてきました。これからも女性が主導権を握っていくことは確かです。

女性はもともと脳でじっくり考えるというよりも、感覚、感性が豊かですので、時代の変化を察知する能力は、男性よりも優れています。

これからの皇の時代になると、心が成長していきますので、皆誰でも超能力者になれるのです。特に女性はその能力に長けていますので、これからはその女性の特徴を活かし、女性が創造したアイディアを男性が実践していくとうまくいくでしょう。これは家庭だけではなく、会社も社会も同じです。

女性中心の家庭の在り方は、車や家電などを購入するとき、女性の許可がなくては買えないという家庭が多いのではないでしょうか。商品の選別もしかりです。

これからの時代の要請は、「女性が好む」「樂しく」「楽」「安価」「便利」なものです。そして女性が好むものは、丸い、小さい、可愛い、軽いがキーワードです。巷では大人も子どもも女性たちの間で今日も「わあ、かわいい！」ということばが、飛び交っています。最近私は驚きの光景に出合いました。若い男性同士数人で買い物をしていて「あっ、これ、かわいいじゃん。わーっ、かわいいーっ!!」という声が聞こえてきました。これからのものづくりは、このように変わっていくでしょう。

職場共育

原因

原因 1 ルール、絶対的、目的

自分 2 人に伝えるときは、ここをきっちりやる

結果 3 人を採用するときは、ここだけ言ったら

自分

原因　4
自分　5　人によってここ迄教える
結果　6

結果

原因　7　ここから先は言わない
自分　8　お節介になる
結果　9　本人に任せる

4〜9迄自分でできる人以外雇わないこと。

「我が社はこれを作っている。いくらで売る」

これだけで良い

1〜9迄の意味はとても大切ですのでつねに頭に入れておきましょう。

会社が新人教育をすると、途を間違ってしまいます。放っておけば、会社に合わない社員はすぐ辞めていきます。教育をすることによって合わない社員が永く勤めることになり、会社も社員も両者が狂ってしまいます。

最後に「学校教育」については、授業の内容も変化しているようです。学校に行かない子どもたちの居場所は今や至るところに様々な形でつくられています。そして、学校に行かない子どもたちのほうが多くなったとき、今迄の学校形態は自然に崩壊し、変化せざるを得なくなります。

自立

あるとき、師による一冊の小冊子の教本を出しました。私は師に「こんなに祖の妨害が大変な時期によく出せましたね」と言いました。師は「あの冊子による影響が凄いの。原稿の中身も抑えて抑えて、これ以上抑えたら冊子にならない、というところまでぼやかして書いたがダメだった。携わった方がみんな肉体的、精神的、対人的、経済的に、事故もすべて含めて攻撃された。一人は行方不明で、もう一人は手を複雑骨折して二度とペンを持てなくなってしまった」というのです（家族にまで影響が及んで家業が倒産したのだとか）。これ以上、具体的なことは省略しますが、要するに目に見えない方々が妨害をしてきたのだと捉えました。

師はさらに続けます。「みんな簡単に思っているけど、他のものと違って、これ（この研究）ほど怖いものはないの。ちょっとしたところで気がつくのか、ことが起きてから気づくのかは、その人次第だから仕方がない。だから、小山内さんみたいに体調が悪くて何もできないというのはとてもありがたいの」と言われました。

私はさらに「あちらから書きたいと言ってこられたのですか」とたずねました。師は「僕が書いてくれと頼んで、向こうが引き受けてくれた。自分で引き受けたのだから自己責任」。そのことばを聞いたとき、私は一瞬ゾッとしました。と同時に、私は重要なことに気づきました。自分のことは自分にしか守れない、誰も守ってくれない……ということです。それまでは、何かあったら師がいるから……と甘い考えでいましたけれど、それは大間違いだったことを思い知りました。

師はその点とてもドライでした。注意しなければならないことは、そうした師の行為が良い悪いではなく、師は研究のために生まれてきて、役割として実験をしているだけということです。

しかも、実験の相手を選ぶのは、師ではありません。大宇宙に存在する〝ワワハ〟という方が決めて、師が交信してその人にやって貰うのです。であれば、自分は自分でしっかりすればいいのだと、心に強く刻みました。

それからは、師から実験や本を書く依頼をされたとき、自己責任でできることは協力し、できないことはキッパリ断ること、つまり、師からの自立を決断したのでした。

これからは自立しないと生きられない

「自立」について、これからの時代に重要なことになりますので、少し書きたいと思います。

これからの時代を生きる人々にとっては、まさに他人ごとではないからです。自立できる人しか生きられないという、「宇宙のルール」があるからです。

その兆候を、もう皆様は気づいているのではないでしょうか。

たとえば、警察です。事件や事故が多発して手が回らないという事情があることも確かですが、思うように動いてはくれません。ストーカーやいじめの問題を警察に訴えても、また、学校の先生に相談しても、残念ながら殺人事件や自殺にまで発展しなければ、本格的調査はしてくれません。

あるいは、行政との問題が起きたとき、行政に頼って解決を訴えても、行政特有の理屈があって、国民・都道府県民・市民・区民との乖離がひどく、思うような結果は得られません。

また、医療の分野でもずいぶん変化が起きています。今迄は医者の言う通りに貰っていた薬を飲んだり、治療を受けたりしていましたが、今日では治療方法を提示されて、その中から自分で選ぶようになってきました。薬も説明をしていただき、飲むかどうかを患者自身に決めさせるところが多くなってきました。

今迄の時代は、為政者・行政・警察官・医者・学校の先生など偉い人に任せておければ大丈夫、あるいは、家族に頼る、友人に相談するなど、すべての人が他人に頼ってどうにかなっていた時代でした。なぜなら、それが今迄のルール「偉い人を信じて従う」だったからです。

次に大事なことは、家族全員それぞれの「自立」です。

「自立」は、皇の時代の三種の神器という宇宙のルールの第一番目にあるものです。地球上の人類すべてが、自立しなければなりません。

家族といえども、皇の時代になったら、もたれ合いや頼り合うことはできなくなります。時代が進むと、たとえば、成人して、いちど家を出たら、一生家族に会わないというのが、本来の姿です。考えてみたら、動物は皆やっていることなのです。そうなのです。これから人間も野生の動物のように、自然の管理下に置かれますので、動物並みになれるのです。今迄は、人間は動物と異なり、世の中、社会の管理下に入っていましたので、自立などはできないようになっていました。今迄の人類は、今のペットと同じで、ペットは大人になっても自立はできません。それと同じ状態だったのです。

その意味で、「自立」と「絶対的自由」は、対の関係であるといえます。これらを実現するための一歩は、「親離れ」「子離れ」「孫離れ」です。

第四章

自然（大宇宙の大いなる働きのすべて）

自然が自動的に行う転換期の浄化、消化とは

今迄のヨルの時代から、これからのヒルの時代に変化しますと、今迄良しとされていたことが、宇宙のルールに合っていなかったり、逆に悪とされていたことが、ルールに合っていたりと、ヨルの時代の価値観や常識、知識、記憶などが、一八〇度がらりと変化しますので、新しいヒルの時代には使えません。

私たちの体内や脳、心には、このようなヨルの時代の不要物が一杯溜まっています。私たちにとって不要なものをゴミといいます。そして、地球自体もゴミを溜め込んでいます。なぜ、そういうことが起きたのかといいますと、祖の時代の「社会のルール」と「宇宙のルール」が真逆だったからです。

ちなみに皇の時代になると「人間社会のルール」は「宇宙のルール」と一致しますので「宇宙のルール」通りに生きれば皆幸せに生きられるのです。

ところで、この不要になったゴミはいったいどうなるのでしょうか。

この処理は人間ができるものではなく、「自然」がやってくれています。この自然が

やってくれている大掃除のことを「浄化」あるいは「消化」といい、地球規模で行われています。浄化、消化はもうずいぶん長い間やっていますが、今も続いています。

まず、私たちの体内もすべて入れ換わって新しい体にしてくれています。その際、長年体内に入って働いていたご先祖さまたちは、もうほとんど眠ってしまわれ、体内から外に出されました。まだ、体調の変化が激しいのは、まだ他にいろいろなものが残っているからです。

自然は私たちの体内に溜まった精神的、対人的、生命的、肉体的、経済的、物質的な目に見えないゴミを外に出しています。

その体内のゴミが外に出るとき、まるで病気のような症状を起こし、体調を一時的に崩します。自然が働くときは、どんなこともそうですが、一度にドカーンということはありません。人間は死んでしまいますので、少しずつ少しずつやってくれています。同様に、浄化、消化も一度にやると、人間は死んでしまいますので、少しずつ少しずつやってくれています。ですから、もう長い間体調がすぐれない、病院で検査してもなんでもないと言われたという人は、浄化、消化のための症状ではないかと思われます。

症状というものは、治る、良くなるときに出るものです。

ゴミを体内から外に出すときの症状には、汗、涙、尿、大便、咳、痰、鼻汁、湿疹、出血、熱、下痢、痛み、痒み、こり、吐き気、嘔吐、眠気、寒気、頭がボーとする、だるい、目が見えにくい、嗅覚・聴覚が一時的に弱くなるなどがあります。

精神的症状としては、不安、樂しくない、腹が立つ、気が落ち込む、やる気が出ない、悲しい、寂しい、孤独感、自殺願望などの症状が出てきます。

このとき注意する点は、浄化か病気かの見分け方です。浄化のときに出る症状は、一時的なもので、数日で止まります。ですから出血や熱など止めずにまず出すことです。悪いものが出てしまえば、浄化、消化の症状なら止まります。それがずっと続くようでしたら病気の可能性がありますので、注意してください。

体内から外に出すゴミの種類は三種類ありますが、では、自然はどういう方法で、浄化、消化しているのでしょうか。

まず、精神的ゴミは風や竜巻を使って浄化、消化します。私は以前、強風が吹くと精神的不安にかられることがよくありました。が、この考え方はまさに結果論的考え方だということに気付きました。つまり、これからの見えない無の世界の「原因論」的考え方では、精神が不安定という症状が出たとき、体内から外に出た証拠で、そのゴミを風によって消すのです。

また、戦争は強風で消します。雨では消えません。『風と共に去りぬ』という映画のタイトルはピッタリです。ちなみに戦争はホタルがコントロールしていますので、ホタルが消えると戦争はなくなります。『火垂《ホタ》るの墓』というタイトルのアニメもありました。

浄化の方法

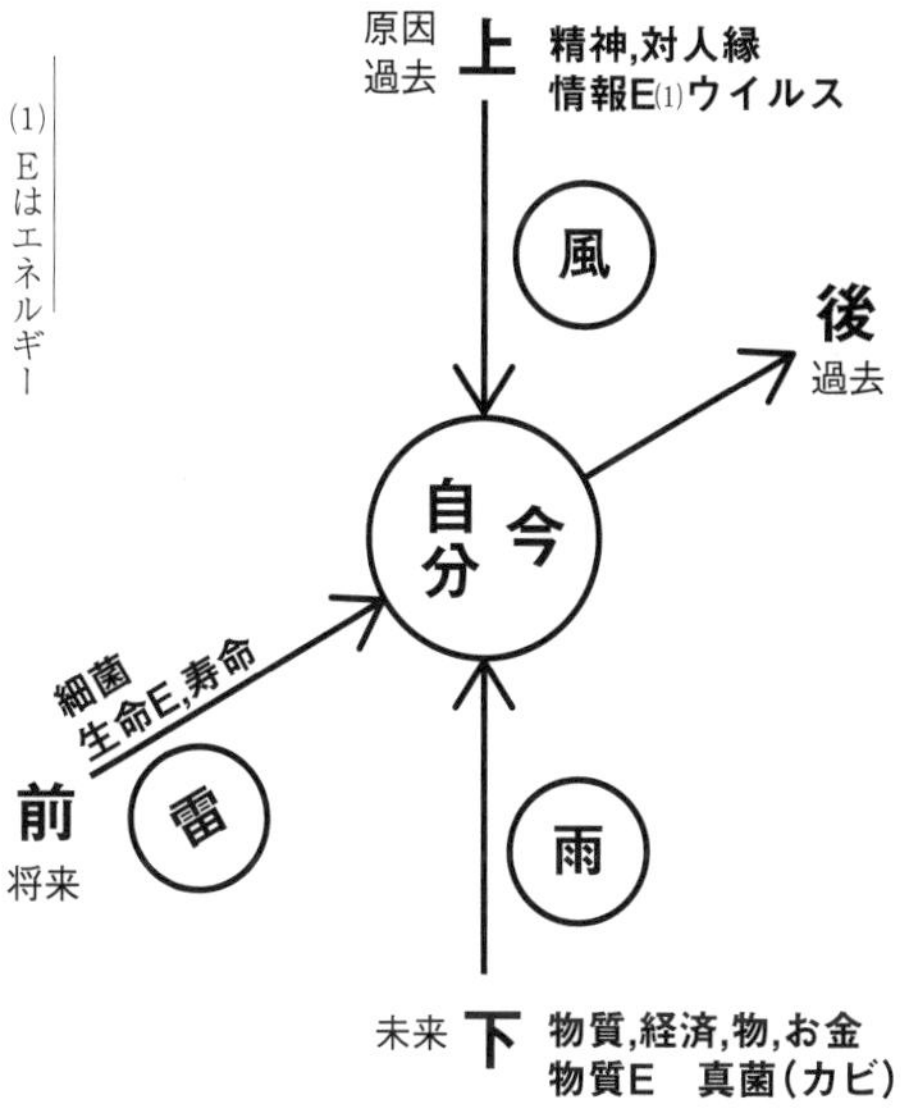

図7　自然環境の座標軸

(1) Eはエネルギー

次に生命、寿命のゴミは、雷で浄化、消化します。そして、物質、経済、お金のゴミは、雨で洗浄します。排気ガスは風または雨で消します。

ゴミの量と風、雷、雨の強さや量とが比例します。つまり、ゴミが大量に出されたときは、暴風雨、台風、強雷、大洪水などで浄化、消化するのです。その他、雪、霧、霞《カスミ》、靄《モヤ》、霜《シモ》、雹《ヒョウ》、霰《アラレ》、地震などで浄化、消化されています。

さて、次に地球上の構造物、建造物などはどうなるのでしょうか。

これも、地震、津波、台風、暴風、大雪、土砂崩れ、山崩れ、雪崩、火災などの強弱で浄化、消化します。

自然はこの浄化や消化が終わるまでは、これでもか、これでもかというくらい徹底的にやります。

ですから危険を感じたら、すぐ逃げるしかありません。人力では止められないのですから。

最近、特に天災が大規模になってきているのは、この浄化、消化のためなのです。

以上のように今は、今迄のヨルの時代からヒルの時代へ移行する大転換期ですので、自然は新しいヒルの皇という時代を迎えるに当たって、地球上のすべてのハードウェア（物質的）、ソフトウェア（精神的、思想的）の両面で、ヨルの時代のもの、こと、生命対（神～微生物まで）の浄化、消化という大掃除をしてくれています。そのために、世界中でかつてない大規模な天変地異や人的事件、事故が多発しているのです。

今迄の常識、価値観、世の中の仕組み、社会の在り方、政治、経済、会社、家庭、教育などの在り方がガラガラと音を立てて崩れています。これはプログラムによる変化と、それに伴って、宇宙、自然の意思によって行われている破壊ですので、自然がどこまで破壊したら良しとするのか、私たち人間にはわかりません。まして、人力でどうなることではないのです。

絶滅種は消えゆく宿命

さらにまだ変化するものがあります。

今迄のヨルの時代と、これからのヒルの時代では、思想も自然環境もガラリと変化しますので、神様から、人類、動物、植物、魚類、微生物まで生きもののすべてが交代します。

そのため近年、動物、植物の絶滅種が増加しています。これを人工的に手を加えて何とか保護しようと努力しても、叶いません。

なぜなら、この現象は今述べたように、宇宙のプログラムによって地球上の生きもののすべてが交代するようになっているからです。つまり、今迄のヨルの時代には、ヨルの時代の環境に合った種が生存できたのであって、これからのヒルの時代の環境には合わなくなるため、自然淘汰されるのです。

代わってヒルの時代には、ヒルの環境に合った動物、植物の新種が出現してきます。たとえば、今迄のヨルの時代の動物は、大きくて強くて怖い動物が多かったのに対して、これからのヒルの時代は、小さくて弱くて、優しく可愛い動物が多くなるようです。

一方、植物でいえば、松竹梅は祖の時代を象徴する植物ですので、松、竹、梅の順に消えていくでしょう。もちろん、自然が行うことですから、ヒルの皇の時代になったらすぐに目の前から消えるということではありません。自然は徐々に変化させていきます。

こうして自然は宇宙のプログラムの変化に合わせて、生態系を含めてトータルで、人間の力の及ばない領域で変化させていることを、認識しなければなりません。

自然の中に生きるヒントがある

人間は本来、生まれてくるときは、誰もが皆一生何一つ不自由のないように、自然の保証付きで生まれてきます。なのになぜ、現実はそうなっていないのでしょうか。この場合の「自然」とは、大宇宙の大いなる働きのすべてのことです。

その自然も人間も、今迄の祖の時代には、世の中すなわち人間社会の一部分に組み込まれていて、自然はほとんど機能していませんでした。つまり、自然は休止状態にあったのです。

その結果、人間が思いどおりに自然を支配し、破戒と破壊を続けてきました。河川は真直ぐに、土手はコンクリートで固め、海を埋め立て、砂浜はコンクリートの防波堤、防潮堤をより高く頑丈に、山を削り、樹木は伐り放題で砂漠化し、水を汚し、空気を汚しと、自然破壊は際限なく続けられてきました。

このように自然を犠牲にすることによって、物質文明は繁栄を極めました。自然の活動は休止状態だったため、本来の自浄能力、修復力がなく、地球はもう限界に達し、悲鳴をあげています。

一方、これではいけないと気付き、自然の再生に懸命に取り組んでいる人々がいます。自然が、修復力を復活するまでの当分の間は、こういう人々の活動に、支えられていくしかありません。

しかし、時代が皇に移行すると、いよいよ自然が完全復活します。それに伴って、他の野生動物と同じように、人間も今度は自然の中に組み込まれます。すると、自然が人間を支配するようになり、人間は自然の意思でどうにでもなります。

ここまで来ると、人間が自然に対して人工的に手を加えることは、一切許されなくなります。なぜなら、人工的に手を加えると、どうしても部分的、パッチワーク的になるからです。それに対して、自然は総体的視点で地球規模どころか、宇宙的規模で働くのです。自然が、大宇宙の大いなる働きといわれる所以です。自然の力は偉大になり、人間はただただ従うしかないのです。

たとえば、この地は人間の住む場所ではないと、宇宙のルールで決められていたら、自然は意図して天災人災、規模設定も含めて、台風、地震、津波、洪水、地滑り、山崩れ、雪崩、旱魃《カンバツ》（日照り）、竜巻、火災等々を、あらゆる方法で起こし、人間を住めなくしてしまいます。

どんなに強力な防護策をとっても、無駄です。本来、土地の波導に応じて、住むべき生き物が決まっています。今迄のように人間がどこでも住めると思うのは、間違いであって、もう、住み分けが始まっています。

また、今迄砂漠だった地でも、本来、人間が住むべき場所であれば、自然は樹木を生やし、住み心地の良い環境に造り変えます。

そして、自然が次の皇の時代に不要と決めた祖の人、もの、ことは、すべて消えてなくなります。自然はこうしてすべて全部を、宇宙のルールに則って、造り変えてしまいます。

さらにもう一つ、自然の偉大さを見せつけることがあります。今迄、私たちは富の分配を、人間社会から受けていたため、すべて有料でした。

ですが、自然は人間社会と比べものにならないほど裕福であり、愛に満ち溢れています。自然は一切お金を要求しません。水道代や人工酸素吸入はお金を取られますが、自然の湧水を飲んでも、空気を吸っても只です。人間が栽培するものは有料ですが、自然の大地が育んだ恵みは只です。海が育んだ魚は只ですが、人間が介入すると有料になります。元々資源は自然から頂いたもの、それに人間が介入し見返りを求めますが、自然は決して見返りなど求めず、ひたすら与え続けるのです。

先ほど、これからの皇の時代は、自然の中に人間が組み込まれると述べましたが、その意味は、これから人間も野生動物と同様に、自然から富の分配を受けられるようになるという意味です。

そのため、私たちの必要なものは、徐々に只に近づいていき、ずっと時代が進むにつれて、すべて全部のものが只で与えられるようになります。最初に述べた「自然の保証付き」とは、そういう意味です。こうなるのは皇の時代になってからのことです（この転換期から、やがて相続税が一〇〇%になり、それを財源として福祉全般は賄えるようになります）。

ただし、自然がいくら与えてくれても、自分が「要らない」と言えば、自分の手元には来ません。自分のものにするためには、自分がそれを把まなくてはなりません。

では、自然から自分がその贈物を受け取るにはどうすれば良いでしょうか。その答えは、自然と自分のタイミングを合わせることに尽きます。

タイミング＝運（自然の今と自分の今）

通常私たちは「自然環境」「自然」「環境」ということばをよく使います。さほど気にもせず、なんとなく使い分けています。一般的には、それで何の不都合もありません。

本書では、理論的分類はどうなっているのかを少し書いておきます。興味のある人は読んでみてください。

図8にあるように、理論的には「命然」「大自然」「自然」「公然」「輪然」「環境」「鐶境」に分類されます。「然」とは、結果という意味です。

「命然」とは、宇宙から地球までのことをいいます。

「大自然」とは、地上の山、空、海、河、川、湖、池など人工的なものを除いた、いわゆる大自然のことをいいます。

「公然」とは、祖の世の中と同意語で、皆がつくったものです。これに対して、「輪然」とは、皇の時代の世の中のようなもののことで、自分がつくるものです。

世の中には、万人のために必要なすべて全部、プラスもマイナスも揃っています。

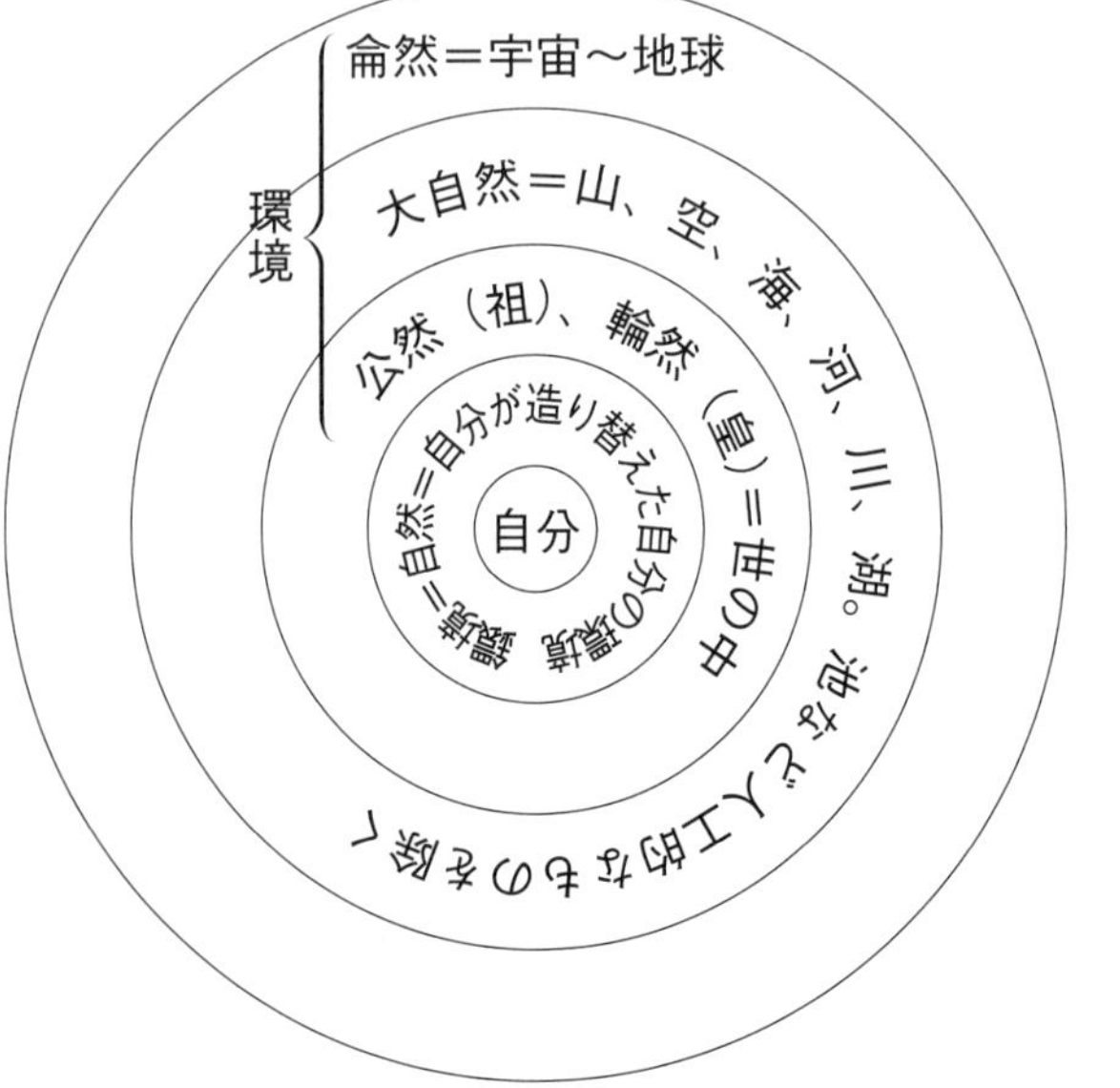

図８　自然・環境・鐶境

「環境」とは、以上のすべてを含めたもののことをいいます。

「鐶境」とは、その環境の中から自分が何を把むか、把んで得た結果が良いのか悪いのか、その結果のこと、すなわち自分が造り替えたかんきょうのことであり、これを「自然」といいます。自分がどこに住むか、自分が住んでいる、あるいは活動している周囲40センチメートルのことで、自分が出した結果のことです。自分が望んだすべて全部を用意してくれます。「鐶境」は、自分がいるときのみ存在し、自分がいなくなったら存在しないものとなります。

ここで注意すべきことは、「環境」と「鐶境」は、全く関係ないということです。たとえば環境が豪雨でも、自分の鐶境は、温泉でゆっくりということになります。

以上、このような分類法は一応あるが、ややこしくなるので、通常私たちが「自然」とか「自然環境」というとき、これら全部を含め、加えて偉大なる宇宙の働きのすべてのことを言っているので、その感覚で捉えていただければ良いと思います。

私たちの日々の行為に対する結果は、その「自然」「自然環境」が出しています。また、この自然、自然環境とは、時代背景のことであり、時代背景は刻々と変化しています。

自然環境の中には、自分で作ったものは何一つとしてありません。全部、自然が創造したもので、自分の周囲に存在する自分以外のすべての人、もの、こと、動物、植物、さらに天候などの自然現象や、偶然に思える出来事や現象等々、目に見える物質的なものから、目に見えない精心的なものまで、ありとあらゆるものが含まれています。

そして、自然環境には季節があり、旬があります。

たとえば、春には春の、秋には秋の食べ物があり、自分はその自然環境の中から把むだけでいい。ただし、把むものがある季節と場所でなければ、把めません。季節外れのものや、ない所に行っても把めません。

つまり、自然の中の「今」しか、把むことができません。必要なものしか把めません。

そして、把むためにはもう一つ重要な条件があります。それは自然の「今」に、自分の「今」をピッタリ合わせることです。

では、ピッタリ合わせるには、どうしたら良いでしょうか。自分の心（思）と脳（考）を、「今、ここ」に置くことです。

なぜ、そうならなければならないのか、その理由はこうです（157頁の図11を参照）。

自然の今には、上から情報、動エネルギーが、前からは寿命、生命エネルギーが、下からは物質、造エネルギーが流れ込んでいます。つまり自然の今は一番エネルギーが高く、すべて全部が揃っているところなのです。

その自然の今に、自分の今をピッタリ合わせること、すなわち自分の体と心（思）

と脳（考）を「今、ここ」に置くことによって、自然からの豊富な贈り物を受け取る条件が整ったことになります。

これをタイミングといっています。その条件が満たされて初めて自然から来た恵みを、全身全霊ですべてを傾けて把めるのです。自然環境の中から何を把むか。選別するのは自分の「今」でやっています。今は自分の周囲四〇センチメートルで感じています。「今」というのは、つまり自分が造り替えた鐶境であり、自分がどこに位置するかによって、自分の耳、目、鼻、口、皮膚を通過するときの感じが全然違ってきます。そして、自分の思い通りの結果が得られたとき、私たちは「運」がいいといいます。そう「運」とはタイミングのことなのです。

この「タイミング」がいかに大切なことか。なぜなら、明日の空気も昨日の空気も「今、ここ」では吸えません。同じように感じている空気でも、場所と時間によって、刻々と変化しています。「今、ここ」で吸っている空気の中には、宇宙のあらゆる情報が詰め込まれています。そして、その空気によって、私たちの思考も変化します。

図9を見ていただくと思考の「今」の時間の限度は、前後各々一一日の計二二日です。これは、何を意味しているかといいますと、この範囲は、自分の思考次第で、意

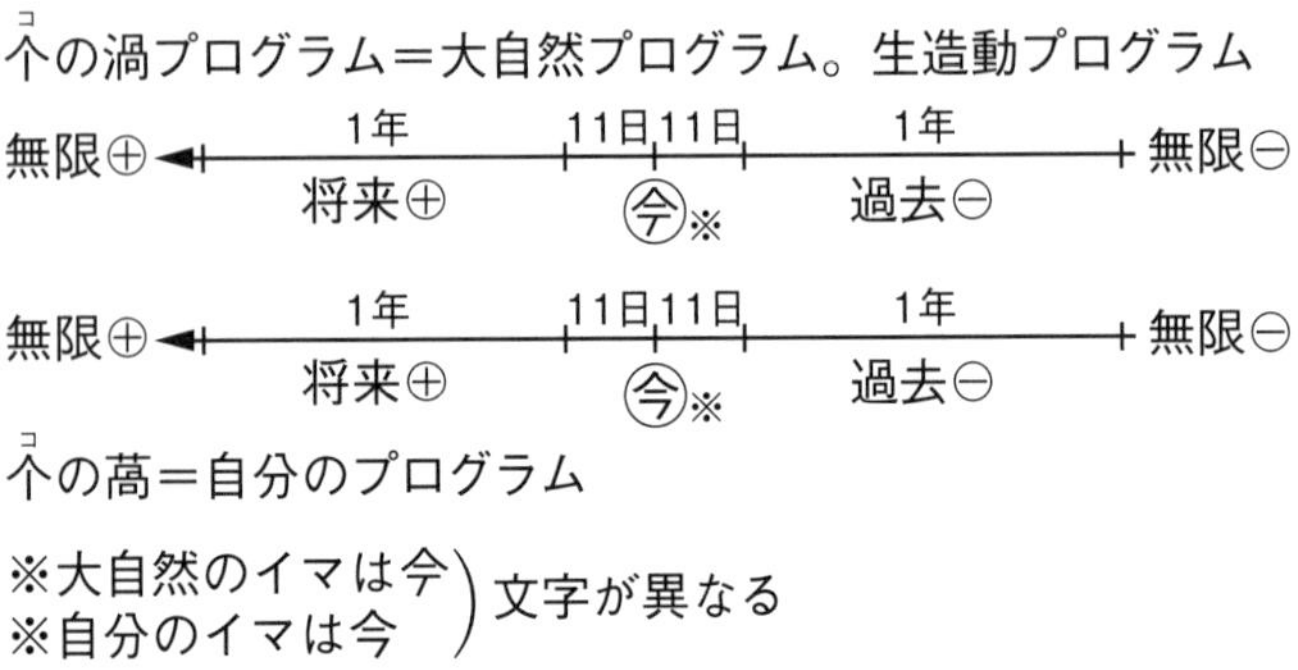

図9　「今」の時間の限度

図的にどうにでも変化させることができるという意味です。ということは、一一日先の将来のことをあれこれ心配したり不安になったり、また、一一日以前の過去のことを思考して、くよくよする生き方をしないことです。

また、私たちがおおよそ見通せる範囲、すなわち過去を反省し改めたり、将来の予測できたりする期間は前後各々一年間です。

このことを知ったとき、昔の人はすごいと思いました。なぜなら、「一年先のことを言うと、鬼が笑う」という諺があるので、昔の人はこのことをすでに知っていたことになるからです。しかも、ここをコントロールしているのは実際鬼なのです。

ちなみに、将来、未来に対する人生設計や仕事の計画を立てても、一向にかまいません。その場合、将来に座り込まず、すぐに「今、ここ」に戻れば良いのです。そして、その計画に向かって準備をする場合、自然をよく見聞きして、そのときどきの時代背景に合わせて修正していけば良いのです。こうして、自然の今と、自分の今を一体化させると、どうなるでしょうか。

ある日ある所で、友人と待ち合わせをしました。自分はその約束をすっかり忘れていましたが、朝目覚めたとき、あっと思い出すか、相手から連絡が入ります。天気もいい。たとえ、雨でも、ゆっくり仕度をして、家を出るときは止んでいます。駅に向かう途中、信号はみな青。駅のホームに着くと、ちょうど電車が来て、どんなに混んでいても座れ、乗り換えもスムーズにいき、目的地に何事もなく着いたら、相手もちょうど着いたところと、タイミングがピッタリ合います。

ところが、逆の場合は、どうなるか。約束をどちらかが忘れていたら、会えないことになります。自分が朝寝坊して、慌ただしく家を飛び出し、忘れ物をしたと家に戻ったり、土砂降りの雨の中を走って滑ってすってんころりんしたり。赤信号ばかりに阻まれて、駅のホームに着いたら電車は出たばかり。電車に乗ったが座れない。乗り換えも、迷いに迷ってクタクタ。やっと電車に乗ったら、地震や災害に遭って一時ストップ。携帯電話も繋がらない。やっと目的地に着いたが、友人には会えませんでした。

以上の二例は極端な例ですが、これらの結果はすべて自分が把んだもので、自然と自分のタイミングがピッタリ合っているか、いないかで、最大これだけ大きな違いが出てしまうということを、知ってほしかったのです。

また、自然と自分が一体化すると、こんな偶然ってあるのかと驚くような現象が起こります。そうした偶然に見せかけた必然的現象は、誰でも体験、経験していると思います。日常的に起こっている例では、長年、会いたいと思っていた人に街でばったり会ったりとか、あの人はどうしているかなと思っていたら、本人から電話があったりとか。ふと立ち寄った本屋さんで、パッと視界に入った一冊の本がその後の人生を変えたりとか、こういう本が読みたいと思っていたら、偶然手にしたりとか、その本を読んで、翌日セミナーに行ったら、その本の内容がテーマだったとか、何気なくテレビをつけたら知りたいと思っていたことをやっていた等々、例を挙げたらきりがありません。

私たちは、よく「偶然」ということばを使います。その一方で、偶然ではなく、すべて「必然」なのだともいいます。でも「偶然」ということばや文字があるのですから、もしかしたら本当に偶然の出来事というものがあるのではないか、と疑問を持ちいろいろ調べてみると、偶然を扱っている書物が一冊見つかりました。でも、内容が難解でわかりません。どうやら、やはり偶然というのはなく、偶然にみせかけた必然であるというのが、本当のようです。

自然と自分がずれていると、日常生活の中で嫌なこと、辛いこと、悲しいことがあって落ち込んでいたりして、何を見ても聞いても樂しくない。何を食べても美味しくない。このような経験は、誰でもあるでしょう。ところがある日、私自身こんな経験をしました。それは突然、本当に突然やってきました。自分の中の奥深くから、喜びがジワーと込み上げてきて、溢れ出ます。自然と笑みがこぼれて、抑えようがありません。一人のときに起きたときは、笑みを抑えずに済みますが、ある日電車の中で、これが突然起こりました。座席に座って、対面している人々の顔を見ていると、愛しくてたまらず、熱いものが込み上げ、喜びも笑みも溢れ出て、抑えられないのです。変に思われないように、思わず顔に手を当てました。

電車を降りて道を歩いているはずなのに、その感覚がありません。いつもは、慢性疲労でだるくてたまらないのに、体がフワフワ雲に乗っているように軽い。何を見ても、何を聞いてもすべてが楽しく、ワクワク、ルンルンで家に着きました。こういう状態が、ずーっと続くなら二〇〇歳まで生きてもいいかと思いました。そういう経験を何回かしましたが、残念なことにいずれも半日ほどで魔法が解けました。

しかし、こうした経験を通して、さらに貴重な気付きを、理屈抜きで与えられたのです。それは、「自分が変わると、世界が変わる」ということを、頭ではなく、身を持ってしみじみ味わえた瞬間でした。

今迄、私たちは自分がうまくいかないのは、他人のせい、世の中のせい、政治家や国のせい、環境が悪いせいと、すべて全部天動的、他動的思考で自分以外のものを悪者に仕立ててきました。それでも、今迄の祖の時代は、許されました。

ところが、これからの皇の時代はそうはいかないし、許されません。なぜなら、皇の時代は地動的、自立、自己責任の時代だからです。つまり、鐶境の良し悪しは、自己責任ということになります。この理屈がわかると初めて「自分が変わると、すべてが変わる」という意味が、わかると思います。

人間は誰でもプラス面とマイナス面の両方を持ち合わせています。自分がプラスだと他人のプラス面を捉え、自分がマイナスだと他人のマイナス面を捉えます。自分の前にいる相手は、いつも自分とイコール、すなわち自分の鏡だということを、忘れないでほしいのです。

自然環境の中には、すべて全部揃っています。私たちの目、耳、鼻には各々目に見えない手が二本ずつ、口には数本、全身には大量の手を持ち、その手で自然環境からそのときどきに、自分の必要なものを把み取ってきます。自分が正常のとき、すなわち自然の今と自分の今がピッタリ合ったときはプラス、すなわち幸せを把み、自分が異常になる、すなわち自然とズレるとマイナス、不幸を自分が引き寄せます。そして、自分の鐶境をつくっています。

自分の途と他人の途と自然の愛

自然の愛は凄い。ただただ凄い。

○その一つが、前述したように、自然がつくったものはすべて只で与えられるということです。

○自然は懐が深い。すべて全部の生きもの(1)が必要なものを、世の中にすべて全部揃えてくれています。人間は、そうはいきません。自分の気に入らないものは、消してしまいたいなどと思います。

○道を歩いているとコンクリートの隙間から、健気に咲いている花や草を見かけて、ホッと心が温かくなります。あるいは、何千メートルという海底の真暗闇の所に棲息する魚や何百度、何千度という熱泉の中で棲息する微生物など、自然はこうした苛酷ともいえる環境の中でさえ、命を全力で育む愛があります。

○そしてもう一つ、自然は私たちに凄い愛を、与えてくれています。

自然は、私たち一人一人生まれてからずーっと、自分の途だけを歩み続ければ、幸せな一生を送れるようにしてくれています。それなのに、人間はそれを無にしてしまいます。なぜなら日常何気なくやっている行為が、他人の途に入ってしまっているからです。

たとえば、あの人のようになりたいと真似をする、誰かに教えられた通りに実行する、人に相談する、夫は妻の尻に敷かれて言う通りに従い、または怖い夫なら妻は黙

(1) 天縄文理論では生き物は生きものを使う

って従う、あるいは人に薦められたものを取り入れる等々、自分の意思は全くなくしています。こうした行為は日常茶飯事にやっていることで、特に意識することもないように思います。しかし、こうした行為は、すべて他人の領域に入っている行為になります。

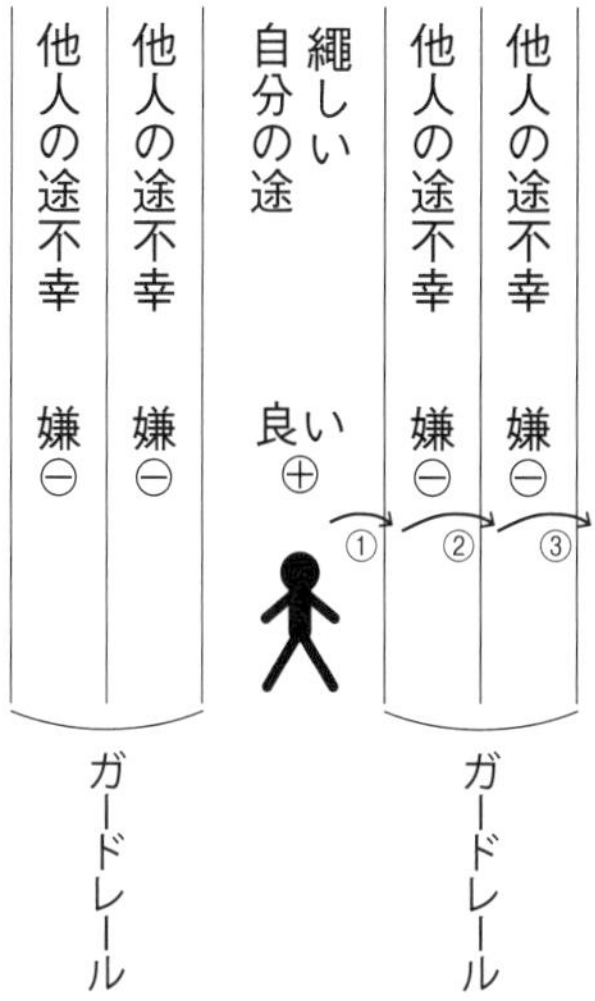

図10　縄しい自分の途

ここからが、自然の愛の出番です。一つ例を挙げましょう。自分の車に、他人の車がコツンと当たって、小さな傷ができます。最初は、この程度のことで済みます。だが、このときすでに、第一ガードレールを突破しているのです。そして、自然は「少しズレてますよ」と知らせてくれます。

それでもまだ、気付かずにいると、次に怪我をするような事故を起こして、第二ガードレールを突破したことを知らせてくれます。それでも、気付かなければ、次は重傷の事故で知らせ、それでも気付かなければ死亡事故になってしまいます。

自然は決して、最初から死亡事故になるような酷いことはしません。そこに至るまでには、いろいろなサインを出してくれます。事故に限らず人間関係、経済問題、病気などすべて同じようにサインを出し続け、いつ気が付くかと見守ってくれています。

ただし自然は、ときに厳しい。自然から裁かれ、自然から不要とされたものは、一瞬にして消えます。木々が枯葉をハラリと落とすように、誰も気に留めることもなく消えます。

それもまた、「自然の愛」なのです。

これから皇の時代に一番大切なものは、この「自然」です。自然を大切に、自然をよく見聞きし、自然と仲良く、自然と共に生きる「共生」こそが、これからの時代に良い人生を送るための必須条件になります。

この自然との共生も、自然の今と自分の今がピッタリ合って初めて、よき関係が築けるのです。

自然環境の座標軸の移動

ところで、今迄順調にやってきたのに、最近うまくいかなくなってきたという人が、多いのではないでしょうか。たとえば、家族関係や対人関係、会社の経営、健康面、精神面など、あらゆる面において、です。

なぜなのか。それには理由があるので、それを述べます。

図11を参照してください。少々重複しますが、自然の中に座標軸というものが存在し、タテ軸の上から下へ情報エネルギー、動エネルギー、導エネルギーが流れていて、これを仮にX軸とします。

次に前後軸の前から後ろに向かって生命エネルギー、生エネルギーが流れていて、これを仮にY軸とします。

そして、タテ軸の下から上に向かって物質エネルギー、造エネルギーが流れていて、これを仮にZ軸とします。

その三軸の交点にあるのが、自然の今になります。この交点には三種類のエネルギーがすべて流れ込んでいるので、エネルギーが一番高い所です。私たちが存在する三次元世界の「今、ここ」が、自然の座標軸の交点の今に位置しています。そして、私たちはこの自然からもたらされる、様々なエネルギーを頂きながら生きています。そのため自然と自分が一体になったとき、流れ込むすべてのエネルギーを、受け取ることができ幸せな暮ら

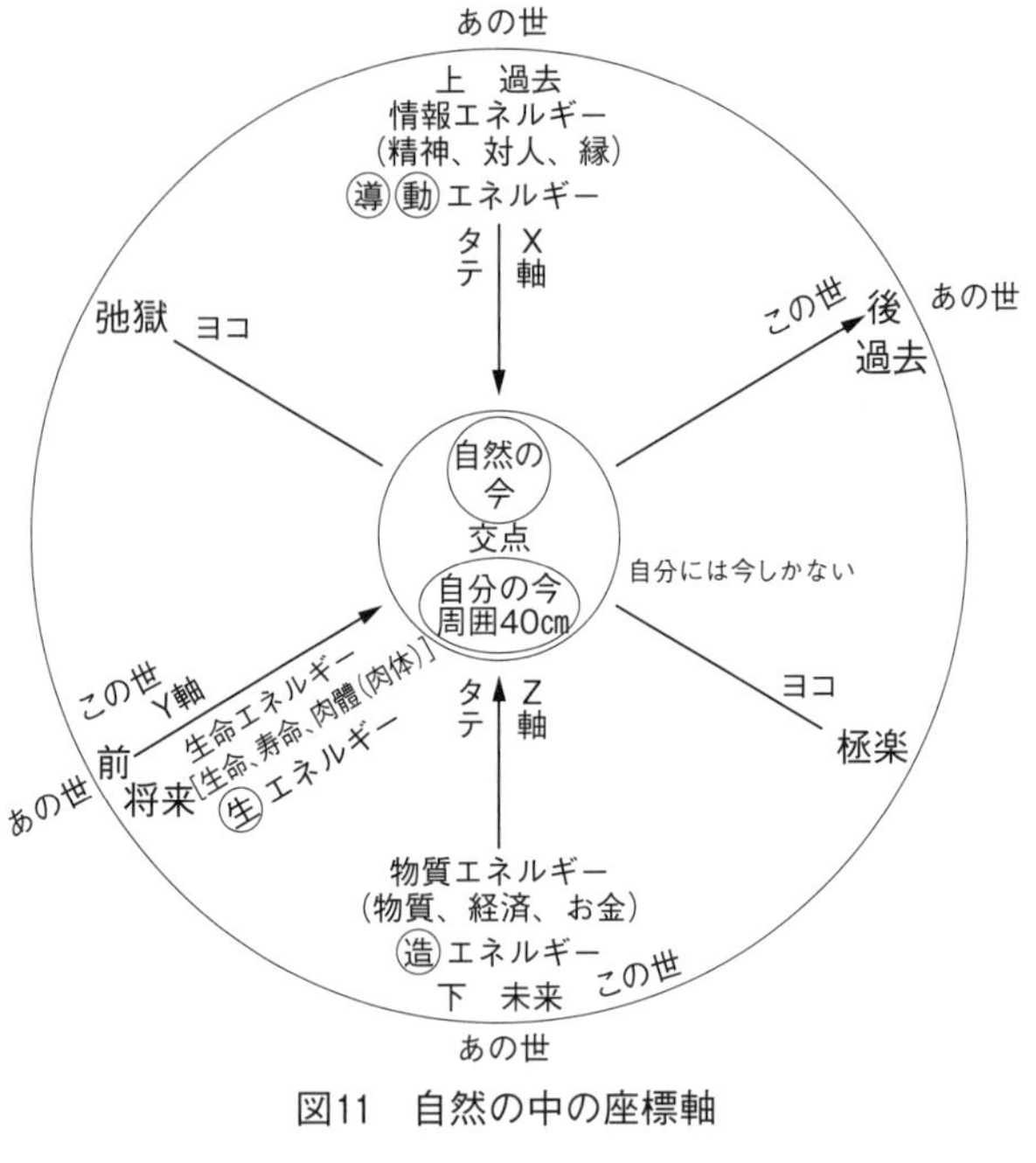

図11　自然の中の座標軸

しができます。

ところが、この大転換期になって、今迄すべてうまくいっていたのに、ここに来てうまくいかなくなったが何も思い当たることがなく、戸惑いを感じている人が、増えているのではないでしょうか。

なぜ、このようなことが起きているのか、その理由は次のようなことです。

これからのヒルの皇の時代に向かって、自然環境の座標軸全体が、時代の流れに伴って上と前に移動しています。すると、私たちが今迄と同じ場所にいたとしたら、自然の交点の今から自動的にズレてしまいます。そのために、今の転換期に様々な新たな問題が発生しているのです。

まず、X軸の交点からズレて、情報エネルギー、動エネルギーが受け取れなくなると、このX軸は精神、対人関係、縁を司っているため、精神的に不安定になったり、思いつめたり、対人関係が悪化したり、トラブルを起こしたり、ストレスを溜め込んだりします。

次にY軸の交点からズレると、生命エネルギー、生エネルギーが受け取れなくなり、Y軸は生命、寿命、肉體(肉体)を司っているので、肉體(肉体)的病気や体力、免疫力が落ちて感染症にかかりやすくなったりします。

そして、Z軸の交点からズレると、物質エネルギー、造エネルギーが受け取れなくなり、Z軸は物質、経済、お金を司っているので、経済的、物質的に苦しくなります。給料が下がったり、売上が落ちたりと、収入面での減少と、加えて出費が嵩んで、家計や経営が苦しくなります。

また、タテ軸の下には真菌（カビ）が存在しますので、真菌の病気にかかりやすくなります。

では、このズレを解消するには、また、ズレないためにはどうすれば良いでしょうか。

自分が、つねに時代の流れや自然の変化に取り残されないように、敏感にセンサーを働かせ、柔軟に自分を変化させることが必要になります。特に、今の大転換期は時代の移行が急激に加速していますので、自分もその速度に合わせて変えていかなければなりません。

そのためにはどうしたら良いかを、具体的に述べます。

自然の今と自分の今をピッタリ合わせるためには、自分の体と心と脳を「今、ここ」

に置けば、タイミングが合って運が良くなるということがわかりました。

ではタイミングがズレるという、そもそもの原因は何か。

私たちの肉體（肉体）は今にあっても、心と脳は上下、左右、前後と自由に飛ばすことができます。できるというより、感覚的にはいつの間にか飛んでしまっているという方が、当たっているかもしれません。「心、ここにあらず」という、その状態です。

ちなみに、心は思いを、脳は考えを生み出すところです。

心（思）と脳（考）を将来（前）へ飛ばすと、不安になったり、失敗ばかりしたりして思うように結果が出ません。なぜなら、将来（前）は不安という材料で出来ているからです。

心と脳を過去（後ろ）に飛ばせば失敗はしませんが、過去に縛られて後悔したり、腹が立ったり、過去の話ばかりしたりして、新しい発想が一切できなくなります。

また、上に飛ばすと、精心的なことにしか興味がなくなり、貧乏になります。逆に、下に飛ばすと、物質的なことにしか興味がなくなり、精神的異常を引き起こします。

そして、右に飛ばすと苦を刻み、左に飛ばすと楽になります。

このように、心と脳は絶えずどこかに飛んでいて、「今、ここ」に置くことが、とて

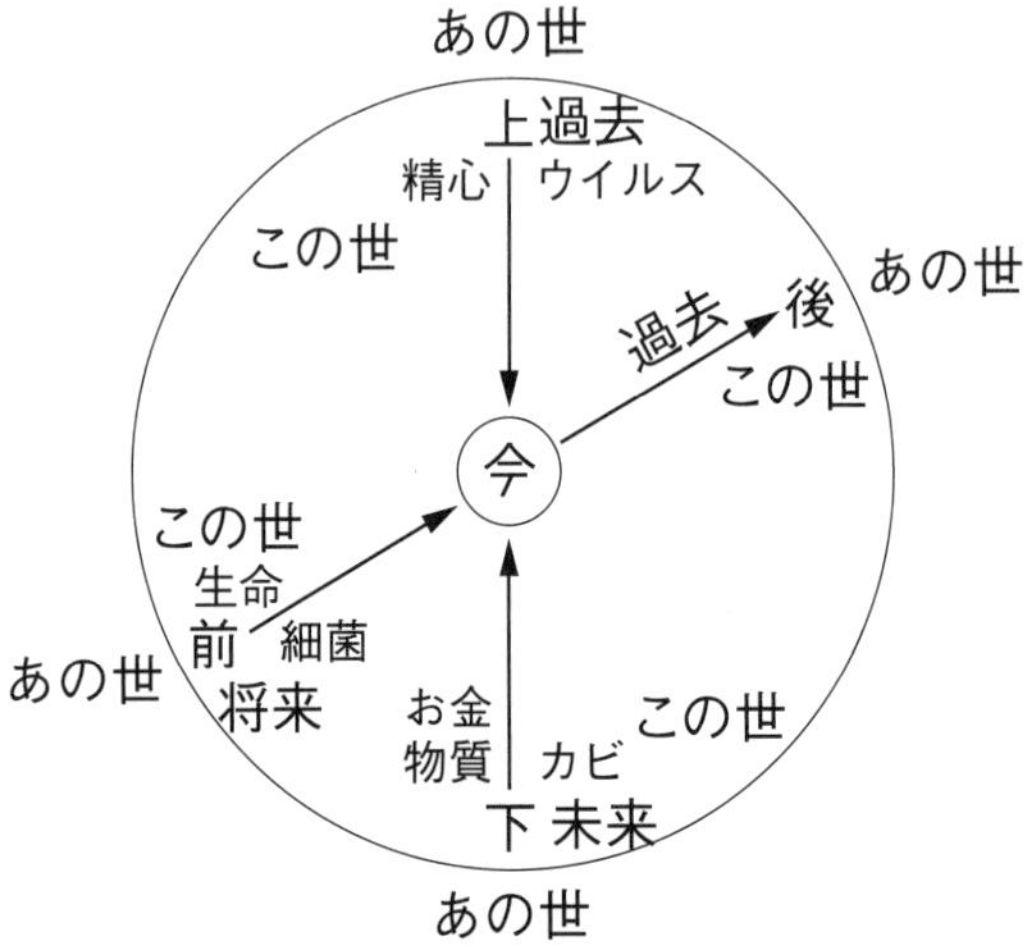

図12　自分の今と自然の今

もむずかしいのです。

ここで断っておきたいことは、心と脳をどこへ飛ばしても、一時的にならば何の支障もありません。問題は、ずっと同じところにいつまでも居座ってしまうと自然と自分とのズレが大きくなるので、要注意です。

では、自分の今が自然の今とピッタリ合っているかどうか、確認する方法を述べていきます（図12を参照）。

ズレにもいろいろありますが、その一つを挙げましょう。

1上にズレる

精神的なことばかりに興味を持ち、物質やお金をバカにすると貧乏になる。また、目上の人にゴマをすり、目下をバカにするとカビにやられる。

2下にズレる

物質やお金や金儲けばかりに興味を持つと、精神的異常を起こす。また、目下の人を大事にし、目上の人、上司に対してトラブルを起こしていると、ウイルスにやられる。

3後ろにズレる

過去のことばかりにとらわれ、くよくよ悩んだり、腹を立てたり、過去の話ばかりしていると、細菌にやられて、肉体的病気になる。

以上の三つのズレですが、いずれも少しズレたときに気付けばすぐに戻せます。ところが、そのまま気付かずにいると徐々にズレが大きくなり、この世の限界までズレたとき、あの世逝きとなります。

他にもズレの確認方法があります。

1思考が社会とズレたとき＝精神異常が生じる。
2肉体が自然とズレたとき＝天災に遭う。
3行動が社会とズレたとき＝人災や経済的な困難に遭う。運が下がる。

4行動が肉体とズレたとき＝肉体の異常が生じる。
5他人に合わせて自分を偽ったとき＝対人的トラブルに遭う。
6ふさわしくない食事をしたとき＝肉体的な異常を生じる。
7嫌な仕事をしたとき＝肉体的異常と人災が生じる。

日常生活で確認する方法もあります。

○時計　スタートして到着時に初めて時計を使う。指定時より前に早く着いたときは、運が良い方向に向いている。遅く着いたときは、不運の始まりである。

○歩く速度　ゆっくり自分のペースで歩く。エスカレーターは、歩くために作られたものではないので、歩くと不運に向う。

○信号機　気にせず歩いていたら青になった。これはタイミングが、ピッタリ合っている。赤から青に変わるときは、自分が少し前、先にズレている。赤のときはだいぶ先、前にズレている。黄になったら、遅れているので要注意だ。そこで走って無理に渡ったら、不運に向う。あくまでマイペースで、歩調を崩さず歩く。

○電車、バスなどの乗り物　ふらりと行ったら、ちょうど電車が入って来た、あるいは、一息ついたら来たというのは良運。そこで走って飛び乗ったら、余計にズレが生じる。行ったばかりというときは、かなり後、つまり遅れてタイミングがズレている。

さらに、乗ってから座れるかどうかも大事である。すぐ座れた、または混雑しているときは、次の駅で座れた場合は良運であり、座れない場合は不運となる。

ここで、注意しなければならないことは、自分と自然とのタイミングがぴったり合ったために座れたのに、席を譲る行為は、今の人間社会では善なる行為とされているが、本来のあるべき自然のリズムからは、ズレが生じて不運が始まる。

○対人関係　他人の家に行くと歓迎される、何を言っても怒られないときは良運。あるいは、何の連絡もせず訪問し、相手の所在確認ができたら「さようなら」と帰ってくる。相手が在宅中に行ったことは良運で、不在だったら不運ということになる。

○対物　欲しいものに巡り合えるかどうかを、確認する。

買いたいものが、すぐ手に入れば正常。ないときは、店で尋ねてみて「今日入ります」というときは早い方、前にズレている。最悪は「今売り切れました。在庫がありません」と言われたら、大きく後にズレてだいぶ遅れているので注意すること。

○自動車、自転車のスピード　スピードメーターを見ずに走らせて、標識を見たとき、メーターとピッタリ合っているかどうかを確認する。標識とピッタリか、プラスマイナス一〇パーセント位なら正常範囲で、大きくオーバーしていたら遅れすぎているので、本当に気を付けなければ危ない。事故に繋がる。

車に追突されたり、歩行中撥ねられたりするのは、自分が他人の領域に入ったか、または時間のズレか、あるいは座位のズレで起こる。特に後ろから追突されたり、撥ねられたりしたときは、かなり後ろにズレが大きい場合である。

ただし、そうした事故に遭遇することによって、自分のズレを教えて貰えたうえに、追突や撥ねられた結果、ポンと前に行くことによって、正常に戻して貰える。本来なら相手に感謝して、自分を改めればよくなるのだが、文句を言ったり、賠償金を少しでも多く取ってやろうと慾を出したりしたら、また、次の思わしくない出来事を引き寄せることになる。

以上のような例で、大体のことは摑んでいただけるのではないでしょうか。

自分の内部で、気が焦っているときは、タイミングが遅れている証拠で、焦らなくなったら正常になったと思って良いです。

環境の大元は、「ワイ」という三次元宇宙の大元です。この大元の環境の座標軸の変化とともに、私たちの領域の環境も同様に変化しています。最近、その変化が加速しています。

この環境の変化に敏感な人は、すでに環境に沿って、自分を変化させています。しかし、今迄通りやっているのに、なぜうまくいかないのか、という人も多いのではないでしょうか。それが、環境と自分のズレです。うまくいかなければ、何とかしようと考えますが、もっと大変なのは、今迄通りやっていて、うまくいっているからと気付こうとしない人々です。そういう人は、やがてドーンと一度に、大きなひずみが出てきます。変化を拒否する人の人生に、他人は立ち入ることはできません。本人が気付くのを、ただ見守るしかありません。

運を良くする法(タイミングのズレの修正法)

では、ズレを直すにはどうしたら良いでしょうか。

○脳をあまり使わない。
○時計になるべく頼らない。

○人に相談しない。
相談すると自分の途ではなく、相談相手の途を歩むことになってしまいます。

○一番良い方法は、眠ること。
眠れば、自動的にズレが直ります。また、ズレていると夢を見ます。夢は、ズレを元に戻す役割をします。

○日常の行動をできるだけゆっくり行うこと。
精神が遅れている人は、今に早く行こうと焦るので、約束に遅れまいと走ったり、相手に待たされるとイライラしたりします。精神（心）が今にピッタリ合っている人や、少し先に行っている人は、マイペースでゆっくり行動し、待たされても悠然としていられます。そういう人には、良いことばかり起こります。とはいえ、本当に縄しいのは、約束時間より五分以上待たされたら帰ることです。それ以上待つと、ズレている人に合わせることになって、自分がズレに巻き込まれることになります。

○自然のままに生きていると、つねに今に合わせられる。
つねに今に生きていれば、何でも必要なもの、こと、人は思う前に来ています。欲しいと思うのは、来ていないから欲しいと思うわけで、もうすでに異常です。お腹が空いたから食べるのではなく、空いたと感じないが、血液がこれ以上補給をしないと細胞の栄養が賄いきれなくなるという信号を送り、自然に食卓に向い美味しく食べられるというのが正常です。

○何事も済んだこと、過去のことは全く考えず、振り返らず、すべて忘れること。

過去は、再現できないし、過去にいつまでも囚われていると、ズレがどんどん大きくなります。また、将来起こることを想定して心配しても、何の役にも立ちません。

○今だけ、あるいはほんの少し先に焦点を合わせること。

ゆとりを持つって、つねにすべての行動をのんびりゆっくりやっていると、ズレが正常に戻り、自分の思うような結果が出てきます。

時間と空間は対

時間と空間は対で存在しています。図13を参照していただくと、

①は時計の二四時間〈共時〉の場合の空間で、①の部分となります。

②の場合は自分の二四時間が長い人。一日の時間を短く感じ、アッという間に過ぎます。この人は、ゆっくり行動しているので視野が広く、空間が一番広がっています。こ

ういう人は事故に遭いません。
③は自分の二四時間が短い人。一日の時間を長く感じます。自分が遅れているので、いつも焦って行動しています。この場合は空間が一番狭くなります。事故に遭う確率が

図13　時間と空間

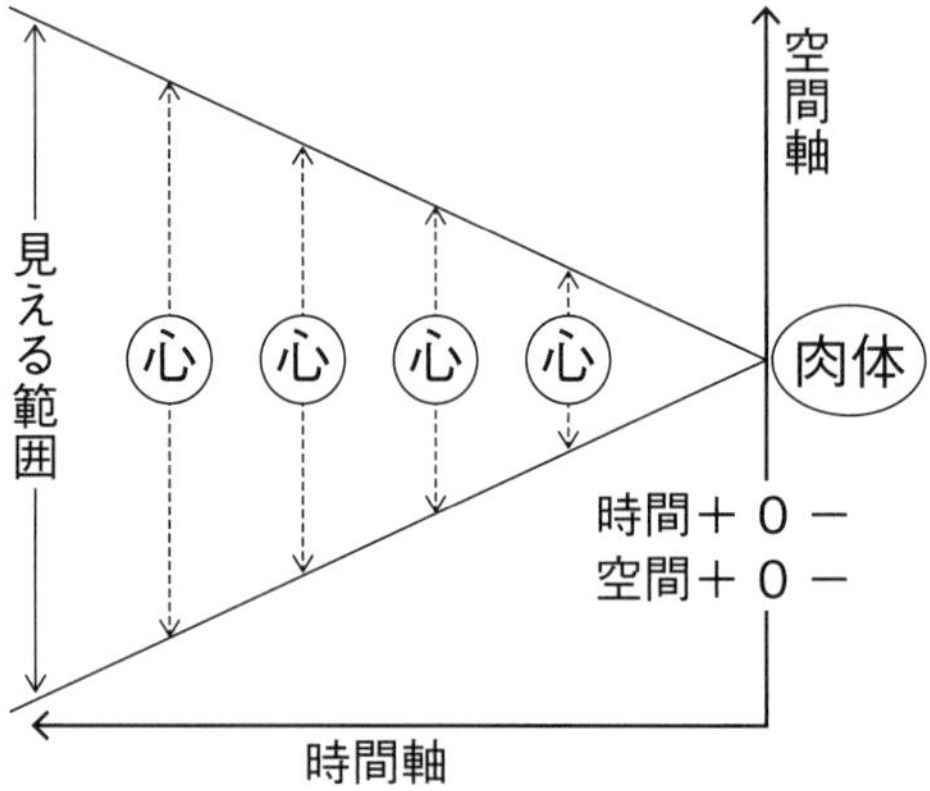

図14　時間軸と空間軸

高いので、要注意です。図14のように心が前に行き、ゆとりがあるときは、時間に余裕ができ、空間が広くなるので視野が広がり、一輪の花に、小鳥のさえずりに、月の美しさに季節の移ろいを感じることができます。

ところが、心にゆとりがなくなると焦りが出て、何事もせかせか動くことになります。つまり、時間が縮んでくると、空間が狭くなるため視野が狭くなります。時間、空間がゼロになると何も見えなくなります。たとえば、車が前から走ってきても見えなくなりますが、この時点ではまだ車には当たりません。しかし、時空がマイナスになったとき、体内に車が入ると衝突事故を起こします。

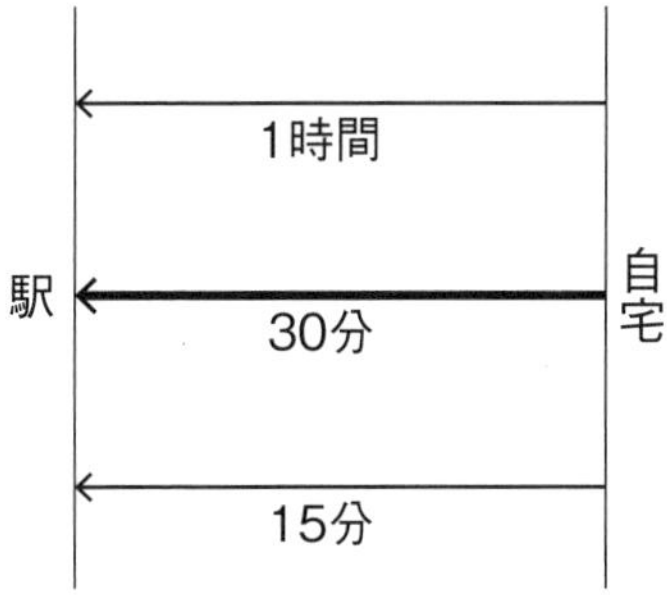

図15　時間ののび縮み

図15のように、自宅から駅まで普通の速度で歩くと三〇分かかるところを、一時間前に家を出ると時間的余裕があるので、空間の幅が広がり、途中の景色を眺めながらゆっくり行けます。

逆に一五分前に家を出ると通常の半分の時間しかないので、走らないと間に合いません。つまり時間が縮みます。すると空間が狭くなるので、足元の石ころも見えなくなってしまうため転んだりします。時間はのびたり縮んだりするのです。歩く速度、食事の速度、話し方をゆっくりすること。これをやっているうちに、ズレが小さくなっていきます。

〈時間について〉

ここで、時間について少々触れておきます。

時＝地球上に存在

刻＝月に存在

時刻表＝人と人を運ぶもの＝生きている

時間表＝物質と物質の間に生じるもの＝止まっている。貨物車、トラック

人間の世界は、時間があるので何事も徐々に変化しますが、見えない世界は時間がないので、大昔のエネルギーも瞬時に利用し、いろいろなことができます。こんなものが欲しいと思った瞬間に、パッと現れますし、不要になったらパッと消えます。

無と有の間には、時間という概念はありません。完全に取り除いて欲しい。私たちが、たとえば「今何時？」「今八時」と言っている時間というのは、地球の回転と太陽間の因果関係においての時間であって、私たちとは全く関係ありません。時間は、皆

一人一人全部別です。時間があるかないか、誰もが経験しています。樂しくてたまらない日の一日と、苦しくてたまらない日の一日とで、時計との間の対比をしてもらうと、すぐわかります。樂しい日の一日は、アッという間に過ぎてしまいますが、苦しい日はなかなか時間が過ぎません。

〈宇宙に係わる暦〉

一月一日は一年に五回くる

1宇宙系の一月一日＝一二月一日

2銀河系の一月一日＝八月八日

3太陽系の一月一日＝太陽暦の一月一日

4月の一月一日＝陰暦　一月末～二月初

5地球系の一月一日＝一一月一五日

〈人間に係わる暦〉

太陽暦＝一月一日（自己）

月暦＝一月二六日（自分）

地球暦＝二月四日（肭体＝先祖より造られた因果、公然＝世の中）

自然が用意してくれたウイルス、細菌は時代の救世主

皆さんはウイルスや細菌に、どんなイメージを持っていますか。

風邪の季節になると「ウイルスをやっつけろ」、食中毒というと「細菌をやっつけろ」と悪者扱いされています。しかし、本当は環境適合できない人が発病するのです。ウイルスや細菌に限らず、自分の意に反した結果が出ると、自分は正しいことをしているのに、あの人のせいでこうなった、世の中が悪いから、社会が悪いから、政治が悪いから、国民が悪いから、他人が悪いからと、自分は一切責任をとらず、相手に責任をなすりつけてきました。そのため、地球上のすべての人が良くならなければ、自分は良くならないと考えるのです。

このような思考は、今迄の祖の時代の特徴であり、「天動（説）的思考」といい、祖の時代のルールでした。今もまだ、このルールが残っていますので、地球上のほとんどの人は、この思考をしています。

では、本当にウイルスや細菌は、望まないのに勝手に入ってくるのでしょうか。

ウイルスや細菌には、意思はありません。しかし、細胞には意思がありますので、宿主次第で、たとえば細胞が、そのウイルスの遺伝子を取り込むかどうかを決めるのです。

たとえば癌ウイルスの情報が欲しいと思ったら、自分の細胞が癌ウイルスを把んできて、感染させて癌を発症させるというメカニズムになっているのであって、ウイルスには何の罪もありません。ウイルスや細菌に罪を押し付けるのは、間違っています。あくまでも、ウイルス性の病気も、細菌性の病気も、自分自身が選び把み取っているのです。

同じウイルスに感染しても、発病するかしないかは別です。では、発病する人としない人がいるのはなぜでしょうか。これは、この最後で述べたいと思います。

今迄の祖の時代は「天動（説）的思考」でした。

一方、これからの皇の時代はすべて自己責任で、自分を縄《タダ》[1]せば、すべてが良くなるという思考で、これを「総体的、地動（説）的思考」といいます。これはこれからの皇の時代のルールです。つまり、今迄とは真逆の思考になります。

---

(1) ただしいは、皇の時代は縄しいを使います。

時代は少しずつですが、「総体的、地動（説）的思考」の方向に進んでいます。

細菌は、私たち人間そのものの浄化と、養分の製造をしてくれています。

また、細菌と寄生虫は、人間の体内の今迄のヨルの彌生（祖）の浄化をせっせとやってくれているのです。浄化なしには変更はできませんし、変更できなければ、私たちは次の縄文（皇）の時代に生きられないのです。

寄生虫は、肉体内部の毒素を浄化してくれています。

セン虫は、肉体そのものの不要物を消化する働きをしてくれています。

カビは、体内の機能調整をしてくれています。

そして、ウイルスは私たちの遺伝子を組み換えて、間違った方向に行かないように修正して、人間を縄しい方向に導いてくれています。他動的思考（人のせいにする）を根本的に変えて地動的思考（すべて自己責任）にしてくれているのです。

さらに、新型コロナウイルスをはじめ、すべてのウイルスは、生きものが皇の時代に生きられるように、一ランク上に上げてくれています。このウイルスなくして、私たちの精心活動の方向性を変えることはできません。ウイルスは、これからの皇の時代に、私たち一人一人が環境適合できるように、体質改善のために、自然が用意してくれたものです。

たとえば、オゾンホール破壊で紫外線の害が叫ばれていますが、オゾンホール破壊は、皇の時代には[1]必然性があるため、破壊前に自然はウイルスを使って体質改善を済ませてくれています。

まだあります。今迄の祖の時代に活躍したウイルスは、人間が鈍感になるような体質にするウイルスでしたが、今は人間を敏感になるように変えてくれるウイルスが、組み込まれつつあります。

そのおかげで、これから次第に、誰もが一人一人、超能力者になれるのです。そうなると、ほとんど脳を使わず、感性、感覚で生きられるようになりますので、とても楽になります。また、人間が近代化したのも、ウイルスの協力によるものです。

さらに続きます。私たちの食事量を見ますと、昔は大食の人が多かったのですが、これは、食べ物のエネルギー変換率が低かったからです。

しかし、今は昔と比べて食事の量が減ってきています。それもウイルスによって、あまり量を摂らなくてもエネルギー変換できるように、体質が改善されたからなのです。

(1)必然性については、太陽光線のところで述べました。

将来は空気を吸っているだけで、蛋白質に変換できるウイルスが出現するようです。
では、次にそれぞれのウイルスの働きを、具体的に見ていきましょう。
なお、詳細は理論書を参考にしてください。

○ノロウイルス

ノロウイルスに感染する人は、お金を求めてガンガン働き睡眠不足の人。貧乏は一度体内に入ると二十五年間とれない。これをとってくれるのがノロウイルス。

○癌ウイルス

癌ウイルスは、食品、化学薬品を口に入れても、何の弊害もないように、誰もが癌ウイルスを体内に同化させています。

また、血液浄化作用、つまり血液が腐らないように、自然がウイルスを地上に撒いてくれました。その結果、その病気がとても少なくなったというわけです。

○インフルエンザウイルス

熱（日）射病を防ぐため、冬にかかり、夏に同化完了します。

○SARSウイルス

祖の言葉から皇の言葉を発するように、変えてくれています。

○日本脳炎ウイルス

祖の思考から皇の思考に変えてくれています。

○エボラウイルス

体型異常にしないための働きをしてくれます。

○C型肝炎ウイルス

異常な動物性脂肪を正常に変え、コレステロールを良い方に変えてくれます。自然に混入した脂肪は正常ですが、化学的に作った脂肪が体内に入ってしまうと分解できません。体内にかなり大量の化学物質が入っているために、これを出さないと老化が進みます。その体内を変えるのは、ウイルスしかいないのです。

○狂牛病

ウイルスを拒否していると遺伝子の書き換えができず、蛋白質異状が起きます。

○エイズウイルス

これからの皇の時代に、環境適合するために必要なウイルスです。

ところで、このエイズウイルスと、少子化は密接に関係がありますので、ここで少しそのことに触れたいと思います。

少子化とエイズウイルスの関係

近年、「少子化」が大きな問題になっています。国をあげて少子化対策に取り組んでいますが、国民の心配をよそに、少子化は進み、改善策は見当たりません。

このように人力ではどうにもならない大きな変化が起きているときは、人智を超えたところに原因があるはずであり、まさにこの「少子化」問題は、時代の要請だったのです。

地球はもう人を養う能力の限界に達し、悲鳴を上げています。

自然が基本とする地球人口は、三〇億人で安定するのが理想のようです。

世界の人口は二〇二一年八月三十一日現在で、七八億七五〇〇万人に達しました。人口のピークは二〇三〇年前後と予想されています。

そこで自然は人口減少の方向に動いていて、出生率低下による人口減少は、自然の意思なのです。

では、自然はどのような方法で、出生率低下を進めているのでしょうか。

自然はそのために、「エイズウイルス」を地上に発生させました。「エイズウイルス」と聞くと、病気と直結させて考えてしまいがちですが、このような重要な任務を負って働いているわけです。

もし逆に、自然が人口を増加させようとしたら、「エイズウイルス」に対抗するウイルスを、地上に発生させることになります。

では、「エイズウイルス」は具体的に何を変えて出生率を低下させるのでしょうか。

エイズ1型は精心的変化、エイズ2型は肉體的変化をもたらします。

エイズ1型の精心的変化から述べましょう。異性に対して昔ほど興味がなくなり、子どもが欲しくない、あるいは、セックスレス夫婦の増加という、精心的な変化をもたらしています。

エイズ2型の肉體的変化とは、男性は精子の数の減少や精子の元気がなくなり、女性は妊娠しにくい子宮に変化しています。

「エイズウイルス」はこのような役割をしていますが、「エイズウイルス」は地球上のすべての人に、もうすでに一〇〇パーセント組み込み済みです。この場合は、自分の意思に関係なく、宇宙のルールで決められていますので、自動的に自然がやってくれています。

そのため、「少子化問題」はいくら政策的に取り組んでも、大金を投じても、人間の力でどうにかできるという問題ではないのです。

最後に先ほどお約束した発病のメカニズムについて述べたいと思います。

発病とは、体内にウイルスや細菌が入ってきたことを、肉体が脳に「戻り信号」として知らせないために、脳がウイルスや細菌を同化させる酵素を出せという司令を出さないので同化できず、ウイルスや細菌が単独で増殖してしまうことです。

ウイルスや細菌は、悪だからやっつけろという発想の天動（説）的思考は、やはり間違っています。ウイルスや細菌は自分が体内に入れたものなので、責任は自分にあるという自己責任の地動（説）的思考が正しいわけです。いくら入っても、入れても、自分が正常なら全部自分と同化してしまいます。完全に同化されると、何が入っても大丈夫です。

自然は、そのウイルスが働きやすいように、太陽光線や空気、そして、宇宙エネルギーなども転換しました。

このような総合的コントロールをしてくれているのが自然です。自然は、ありとあらゆる方法で、私たちが次の新しい時代を生き抜くための身体的向上、精心的向上をもたらしてくれているのです。

そして、自然は世の中に必要なものすべてを揃えてくれています。不要なものは何一つありません。その中から自分が何を選び、何を把むかは、本人の自由にしてくれています。ですから原因は自分で把んで、結果を出したのです。

これを「因果の法則」といい、宇宙の法則です。他人が原因をつくって、自分に結果が出るということは、一つの例外を除いて絶対にありません。

その例外とは、七歳以下の子どもの場合は、母親がすべての原因をつくり、結果（病気）は子どもに出ます。つまり、子どもの病気は母親次第です。子どもが病気になったら母親が原因ですから、母親が良くなれば子どもの病気は、治ってしまうという現象が起きます。

七歳以後は、母親から独立するために、ウイルス性の病気や細菌性の病気にかかります。

たとえば、以前Ｏ－１５７病原大腸菌が突然変異して、子どもが集団発症したことがありましたが、あのときの原因は、次の時代に生きるための体質改善を、自然がやってくれたものでした。

令和三年末、ニュースにはならなかったのですが、ある保育園で二〜三歳の幼児がRSウイルスに集団感染したことを知人から聞きました。RSウイルスとは、母が祖で、子どもが皇の場合、すぐに遺伝子組み換えが必要になるため、このウイルスが体内に入って役割を果たします。症状としては、血液の毒素を出すために湿疹が出ます。

ウイルスは遺伝子組み換えをして人間を縄《タダ》しい方向に導いてくれています。また、生きものを一ランク上に意識改革してくれています。ウイルス以外、私たちの精心活動の方向性を変えることはできません。

では最後に、ウイルスと細菌がどんな目的を持って存在し、働きをしているのか、表にしましたので参考にしていただけたらと思います。

体内微生物の目的、働き

微生物の種類	体内部位	目的・働き
ウイルス	細胞核	環境の情報、学習、思考変化・向上、肉體変化・向上、精心変化・向上。
細菌	粘膜	肉體、物体の養分の生成、栄養の供給。
真菌	細胞膜	細胞の形成、維持、成長をしている。
細胞	全体	体型の維持、成長をしている。

微生物の目的、働きは、学習、仕事、能力、名誉、技術、慾、気力などをコントロールすること。私たちは体内微生物がいなければ生きていけません。

細菌の病気にかかったのは栄養失調になったということ。栄養失調とは、耳、鼻、口、目、皮膚のエネルギー異常のこと。良いものを入れることが必要で、抗生物質を入れると、もっと強い耐性菌が出てきて自分がやられてしまうことになります。

以上、微生物は私たちにとって必要不可欠な存在であることをおわかりいただけたと思います。

太陽光線の変化と働き

太陽光線の変化、働きは宇宙のルールで行われています。太陽光線は太陽神である尊神が、太陽系の中のすべての生命対が生き残れるように、光線を絶えず改造しています。

太陽光線が乗せてくるもの

	1命	太陽風	命＝ルールを乗せてくる。イオン化された電子が、太陽から冥王星まで同じルールで動くようになっている。
	2牙	赤外線	精心（精神）。牙＝私たちは銀河系をそのまま使えないので、削り取って使いやすくする。小さくする。
対	3亜	電波	亜＝中味の意。
	4両	太陽風	両＝カバーの意。
対	5賁	赤外線	精心（精神）。賁＝入力エネルギー、生命エネルギー。
	6負	太陽風	負＝出力エネルギー。

対			
対	7 愛	赤外線	精心（精神）。精心（神）領域で少し温かく感じる。愛＝入力エネルギー。
	8 戀	太陽風	戀＝好きな仕事。熱中するものを乗せてくる。出力エネルギー。
対	9 燈	可視光線	燈＝エネルギー。明るさ。私たちが感じることができる。
	10 色	可視光線	色＝エネルギー。美の選別をするときに必要である。自然が造るのは美が大切。私たちが感じることができる。
	ここから変化		
対	11 佳	電波	于由光線が出て来ることによって、四〇パーセント低下。昭和四七年を一〇〇パーセントとすると↓現在は六〇パーセントになった。体力、持続力、免疫力、生命力が四〇パーセント減少した。
	12 貫	電波	于由光線が出て来ることによって四〇パーセント低下した。昭和四七年を一〇〇パーセントとすると↓現在六〇パーセントになった。つまり、精心（神）力、やる気、元気、活力、決断力が四〇パーセント低下した。

対

13歳　紫外線

五〇パーセント増強。昭和四七年を一〇〇パーセントにすると↓現在一五〇パーセントになった。ウイルス、細菌、微生物の活性化。つまり11隹の体力、持続力、免疫力、そして12貫の精心（神）力、やる気、元気、活力、決断力を低下させることによって、ウイルス、細菌、微生物が体内に入り易くなり、活性化されるわけである。こうすることによって、今迄の時代の肉体から、これからの時代にふさわしい新しい肉體に、体質改善をしてくれたのである。しかし、それを実現させるには、ガンマー線とX線の協力がなければならない。

ガンマー線

ガンマー線は細菌の遺伝子に影響を与え、植物進可に必要なエネルギーである。ガンマー線が増加し、細菌を活発化させる。

X線

X線はウイルスの遺伝子に影響を与え、動物進可に必要なエネルギーである。X線の増加により、ウイルスが活発化するように仕組まれている。しかし、人工的なX線は要注意である。腹部や骨に当ててはならない。遺伝子配列が変わってしまう。五〇パーセント増強する。昭和四七年を一〇〇パーセントとすると↓現在は一五〇パーセントになっている。これは何を意味するかというと、エネルギーのブレーキ役が向上し、生産性を今迄の半分すなわち五〇パーセント低下させる働きをしている。つまり、すべての人が昭和四七年をピークに、働かなくなっていることを物語っている。世の中を眺めると、頷けると思う。昔のように嫌な苦しく辛い仕事を、努力して頑張って一所懸命働く姿と、今の現象を比較すると一目瞭然である。今の若者は怠け者だという人もいるが、これは宇宙の法則でそのようになっているのだから、昔のようには戻らない。

⑭欠　紫外線

なお、今迄太陽の役割は、地球に物質エネルギーを供給するのが主でしたが、これからの時代は、その働きに加えて、前出の于由光線という精心分野を成長させる光線が入ってくるので、太陽がその于由光線のエネルギーを変換させて、地球に送る役割もします。

さらに、もう一つ大事なことがあります。地球温暖化で、オゾン層破壊が問題になっていますが、南極のオゾン層に穴をあけて、そこから于由光線が入ってきます。それをしているのが、自然です。また、紫外線の害が叫ばれていますが、本来紫外線は私たちに幸せをもたらすらしいのです。今迄の彌生時代は、オゾン層が幸せを全部カットして、幸せはオゾン層から上の部分にありました。これから、徐々にオゾン層は消え、一五〇年後にはすべてなくなります。すると、人間はとても幸せになるとの研究結果が出ています。

いずれにしても紫外線害は、何も心配する必要はありません。なぜなら、自然が皇の環境に適合できるように、ウイルスを使って体質改善をしてくれているからです。つまり、オゾンホール破壊以前に、紫外線害対策のための体質改善は終わっています。そのウイルスが働きやすいように、太陽光線や宇宙エネルギーも二〇〇〇年以後、かなり転換しています。逆に紫外線が害を与えることになれば、自然はオゾンホールを塞いでくれます。いずれにしても、こうして自然は、着々とトータルでこれからの時代に備えて、準備をしてくれています。人間が、どうにかできるものではないし、考えることではないのです。

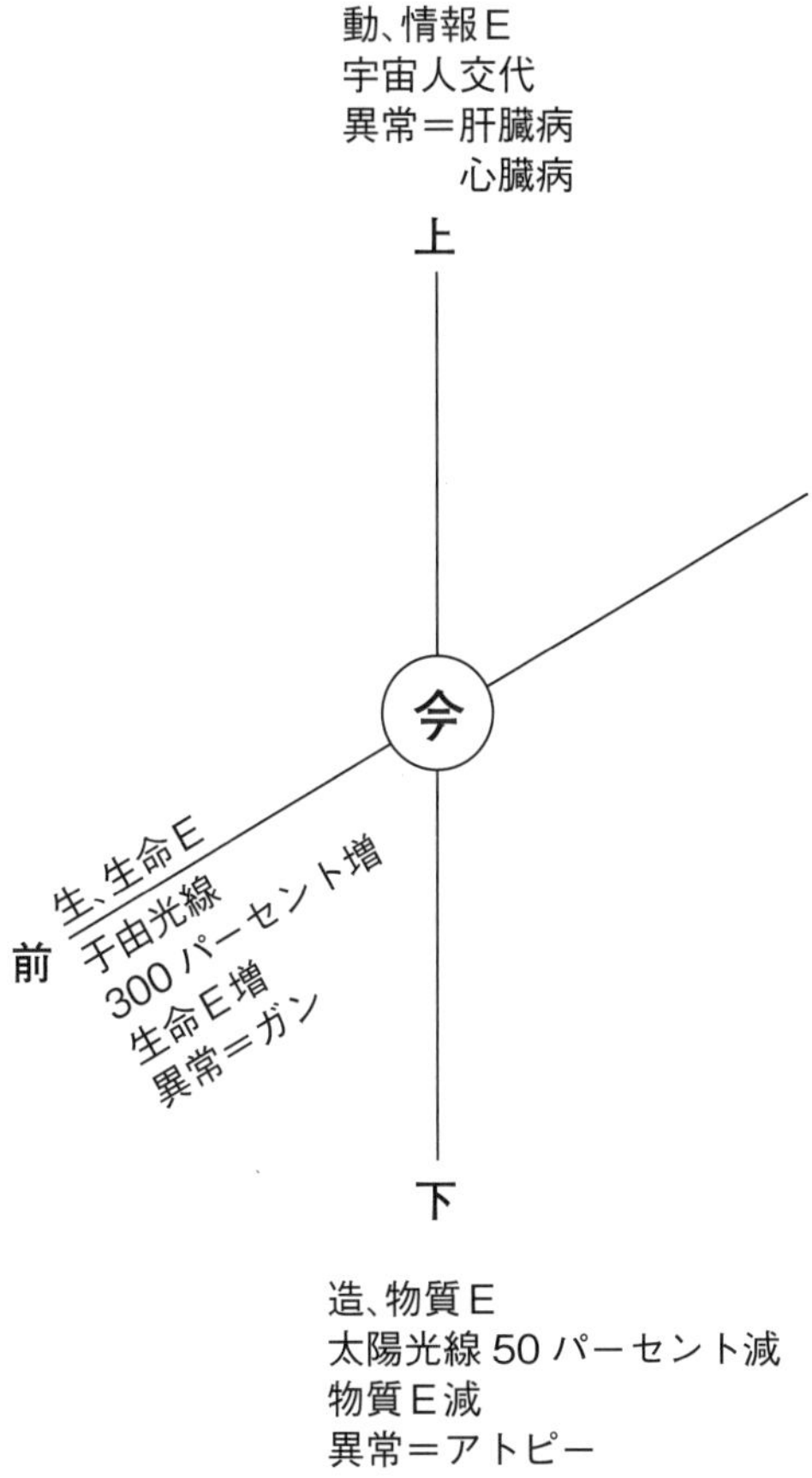

図16　「今」の上、下、前

自然の欲と人間の慾

「欲《ヨク》」と書くと自然の欲を表し、「慾《ヨク》」と書くと人間が下心をつけた慾になります。図17を見ていただくと自然の欲には二種類あり、陽のプラスエネルギーが不足することを「欠」といい、陰のマイナスエネルギーが不足することを「谷《キャク》」といいます。自然はこの欲によって動いていて、へこんで不足して谷ができたときは自動的に埋め、飛び出した部分が欠けたときは、自動的に補充してくれます。

このように、本来自然は欠けたり不足したりしたものを、埋めるというルールがあります。その自然欲は自然のルールの中にあり、全体的、総合的調和を取って維持しています。つまり、世の中に存在するすべては、放っておけば自然がきちんと補充してくれるのです。

病気でいえば、自然治癒力で治ります。本来自然のルールからいえば、放っておけば治るようになっています。自然の肉體的欲のコントロールは、脳を通過する血液中に記憶され

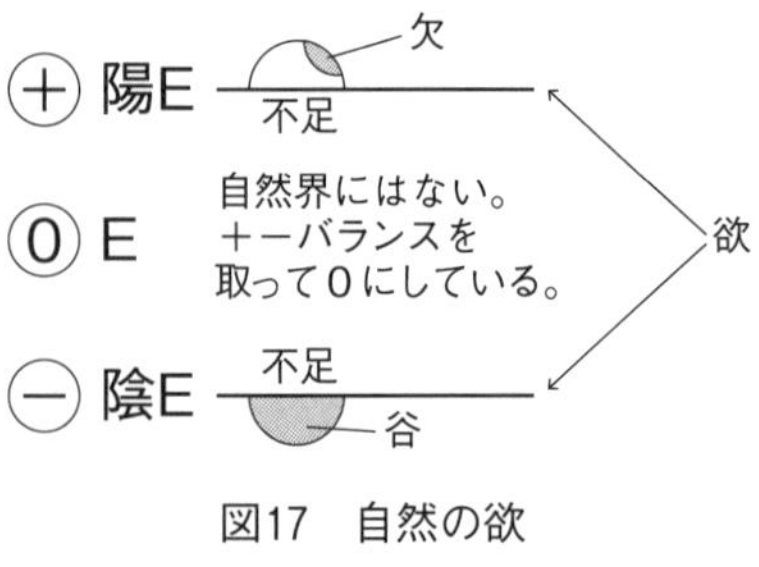

図17　自然の欲

ます。肉體は昼間働くと必ず不足が生じ、その不足分の補充は、夜の睡眠中に自然の欲を働かせてやってくれています。その結果、血液中の成分はいつも一定に保たれていて、何かが不足したら自然欲で、自動的に埋められるようになっています。怪我の傷跡にできる瘡蓋などは、わかりやすい例です。

ところが、そうした自然がせっかく与えてくれている欲を無視して、自分で埋めようと慾を出し、貪ると、どんどん慾深くなって必要以上に盛り上げてしまいます。そればかりか、自分に合わないものを持ってきて、埋めようとします。たとえば、薬とかサプリメントなどです。

人間の慾は、肉体的なことだけではありません。お金にしても、持たない人も、有り余るほど持っている人も、商売の儲けにしても、もっともっとと人間の慾望は限りがありません。自然の欲は、バランスを取ってやってくれていますが、人間の慾は部分的に盛り上げるので、バランスが崩れてますます慾深くなります。慾は、自然のルールに反する行為なのです。自然の欲のルールに任せるのが一番良いのですが、しかし現実の世界では、慾がなくならない限り無理です。そして、慾がなくならない限り幸せにはなれません。でも安心してください。自然はその慾を減少させ、消滅してくれています。

それでは欲の種類を挙げておきましょう。

転換期の欲の消化（消えること）による変化

欲の種類	消化により変化するところ	個人的変化		世の中の変化
1地位欲	組織間液	名誉、地位、人気のために働く、多くの人が集まる所に行きたくなる	減少 消滅	変化なし
2物質欲	膵液	新しいこと、新しい仕事のために熱中する	減少 消滅	仏教、神社、宗教団体に変化が始まる 病気による死亡が多くなり始める
3語話欲	胆汁	自分の持っている知識、技術を他人に教えたくなる	減少 消滅	家庭、家族制度に変化が始まる

4勉強欲	汗	いろいろなことを勉強し、知識を詰め込み、偉くなりたいと思う	減少 消滅	中、高、大学、学校教育、新聞、進学塾、西洋、東洋医学に変化が始まる 事件、事故、殺人による死亡が多くなる、子どもが勉強したくなくなる
5名誉欲	鼻液	自分より下の者を馬鹿にして、自分より上の者を偉いと思う	減少 消滅	風俗産業に変化が始まる 秀才の自殺、離職、詐欺の増加、一人暮らしが増える。他動的思考から自動的思考に変わる
6性欲（盗む事）	涙液	自分のために他人を利用する	減少 消滅	財界、政界、芸能界、企業、会社、金融業界、医療、病院、医学に変化が始まる 破産、倒産が多くなり始める
7金銭欲	唾液	お金や物をかき集め、自分の財産を作る	減少 消滅	財界、株式相場、投資会社、金融業界、保険業、リース業、貸金業、証券会社、貸家業、飲み屋、酒場に変化が始まる

8食欲	尿	他人との縁は損得による縁、スポーツ（争闘）が好きになる	減少 消滅	（減少）自動車産業、スポーツ業界、気功、マッサージに変化が始まる （消滅）自殺による死亡
9健康欲	気道粘液	世の中、他人、物質、サービスは間接的から直接的供給に変わる	減少 消滅	物価、占術、卸業、間接的供給、タバコに変化が始まる
10由遊欲	胃液	ボランティア、他人を助けることが好き、本を読むのが好き	減少 消滅	ボランティア、福祉、介護、老人ホーム、製薬会社、薬局、百貨店に変化が始まる
11古昔欲	腸粘膜	昔のこと、古いことが好き、古い本を読むのが好き	減少 消滅	図書館、博物館、美術館、総合病院、個人病院、コンサルタント業、建築業に変化が始まる
12仕事欲（ごまかすこと）	リンパ液	会社、職場、仕事のために働く、世の中のため、人のために働く	減少 消滅	政府、行政、司法、官僚制度、政党政治、地方公共団体、弁護士、評論家、土地価格、結婚式に変化が始まる

自然は、相互依存でトータル管理されて、何億年も続いています。そこに人工管理で人間の欲で手を加えると、バランスが崩れておかしくなるのは、想像に難くないでしょう。人工的なもので、百年千年と続くものはありません。人工的なものは、トータルの中で邪魔になります。自然環境に人工的、部分的に手を加えてはいけないのです。

その意味は先ほど述べましたが、たとえば、堤防が決壊したから、今度はもっと高さを高くして頑丈なものを作ろうと言います。そもそも、その発想が間違っています。堤防が決壊したということは、自然がここは人間の住む所ではありませんよ、と教えてくれているのです。その自然の教えのサインに、早く気付くことが大切です。これからの生き方は、こうして特に自然から来るサインを受け取ることが、とても重要になってきます。

自然環境には、適合進可（化）というのがあります。自然の法則により、これからの皇というヒルの時代には環境適合できず、祖というヨルの時代にしか生きられない人や動植物、微生物、もの、ことは消滅し、皇の時代にふさわしい人、動植物や微生物、もの、ことが出現してきます。

祖の時代の象徴的植物である松竹梅は、松、竹、梅の順に、将来徐々に消えていきます。

たとえば、松が松食い虫にやられるというのは、自然のルールからいうと、松はいずれ地球上から姿を消す運命にあるということです。自然がそうと決めたら、人間の慾で人工的にいくら手を加えてみても、自然の力にはかないません。また、地球温暖化は、宇宙のルールで寒気の吹き出し口を、暖気に変えただけです。気候をコントロールしている皇の神神が、温暖が好きだから、ヒルの時代は温暖になるのです。人間の慾は、自然の欲の前にはひとたまりもありません。

本は知量で、自分がその中からどれくらい取り入れるかは知識で、知識が増えれば増えるほど、慾が出ます。人の欠点や自分の欠点ばかりが目につき、さらにそれを補うためにもっともっとと、どんどん慾を盛り上げます。人工的に遺伝子を触りすぎると、奇形ができます。欠陥が出ると、またそこを弄りたくなり、しまいには訳がわからなくなる世界が、一杯あります。

今迄の祖の時代の世の中は、知量一〇パーセントだったが、これからの皇の時代の知量は四〇パーセントになります。ちなみに、知質はマイナス二〇からプラス一〇になります。これは何を意味するかといいますと、今迄自分がどんなに良いことを思い、考え行動したい、またはしていると思っても、地球がマイナスの星であるときは、当然自然環境もマイナスでありマイナスの思考や行動しかできません。

しかし、これからの皇の時代には地球がプラスの星になり、知質がプラス一〇になると、何を思い考え行動しても、プラスになることを意味します。知量四〇パーセント、知質プラス一〇になると、自然修復能力で自然がやってくれます。砂漠は祖の時代のもので、皇の時代には砂漠はなくなります。自然が雨を降らせ、砂漠に草木を生やし、赤道直下で気温は三〇℃になり、寒冷地でも一〇℃位に保たれます。夏冬がなくなり、春と秋の気候になっていくといいます。オゾンホールも時期が来たら自動的に塞がります。自然が修復できないときは、新しいウイルスを自然がつくり、きちんと環境を整えてくれるので、人間が心配する必要はありません。というよりも、もう少し先に行くと、人間が人工的に手を加えると、害が及びます。自然は、トータル的バランスを取っているのです。

人間ができることは、その自然環境の中から自分に必要なものだけを把むことだけです。

自然の欲（愛）と人間の慾、幸せの違い

世の中には不要なものは何もありません。自然がすべての生き物、必要な人、もの、ことを用意してくれているからです。それを自然の「愛」といいます。それを私たちが許容することもまた「愛」なのです。

その中から自分が何を選別し、何を把むかは自分の自由です。それを「戀」といいます。

自分の思考する幸せは、すべて「慾」です。それに対して、自然から見た人間の幸せは、「愛」です。

その自分の慾と、自然の愛との違いを挙げてみましょう。

○慾で自分はお金が慾しい、入ってきたら幸せと思う。

○それに対して愛は自然から見て、お金が入ったら不幸になると思ったら、入らないようにする。

○慾で彼氏、彼女が慾しい、好き合ったとき、幸せと思う。

これらに対して愛で自然から見て、それが不幸になると思ったら、縁を結ばせませ

ん。

両者の違いをだいたいわかっていただけましたか。

人間のできることは戀、つまり、人間同士のみならず、何でも一つのことに、心身共に全力で打ち込むこと。私はこの理論に戀をし、魂職に出合いました。

自然は愛で、人間の恋はどうでもよく、自然から見た人間の幸せは、
①長生き
②老化しない
③安定した人生
の三つが重要ということです。

自然は人の一生に必要なものすべてを準備してから、生まれ出させてくれています。つまり、人が生まれるということは、元々幸せになるようになっているのです。

では、不幸になるのはなぜなのでしょう。それは、今迄は自然がお休みしていたからです。加えて、なんでも自分で何とかなると思って努力するからです。人間以外の動物は努力していないのに、ちゃんと生きられています。

自信を持って、のんびりと生きましょう。

今、幸せならずっと幸せ

人は誰もが、幸せになる秘訣があれば知りたいと思うでしょう。

幸せになる方法を探求していくと、知恵を得る方法につながってきます。

「知恵」は、人生の前、つまり将来にあって、自然から来ます。ちなみに、「知識」は、人生の後、つまり過去にあって、世の中から来ます。知恵を得るには、なるべく不要な知識は入れないほうがいいのです。

さて、知恵を得る方法を述べましょう。
①何があっても自分に必要なことを思考する。
これについては後ほど詳しく述べます。
②常識（知識）にとらわれない。
③他人に気を遣わない。気を遣うと他人の途に入ってしまう。
④他人に頼らない、相談しない。
⑤他人の話をよく聞き、反論しない。
⑥睡眠時間はできるだけ多い方が良い。知恵は眠ることによって出る。

起きているときは、知識の世界です。
⑦学校は知識を詰め込むところ。
つまり、不幸を教わりにいくところです。

ここで特に強調しておきたいことは、いずれにしても、今幸せならば、永久に幸せであり、今不幸ならば、永久に不幸ということです。

なぜなら、人生は今今今の連続で成り立っています。ですから、明日の幸せのために、今不幸ということはあり得ません。明日の空気、昨日の空気は、今吸えないのです。第一、明日生きている保証はどこにもありません。

今しかないのです。「今、ここ」を大切に、その刻その刻を精一杯生きることが、幸せの途の第一歩です。「一所懸命」ということばは、まさにこのことでしょう。

今迄の時代、宗教的表現でいえば、幸せの感じ方は、人それぞれ違いました。そのほとんどは、他人との比較で自分の幸せ感をはかっていて相対的な感じ方でした。たとえば、「あの人と比べたら私はまだ幸せよね」というように……。

しかし、これからの時代は、ルールで幸せの定義が明確になります。それが「儞幸」

というものです。

侖　ソフトウェア

1樂　一人でいるとき樂しい（精心的）
2由　いつでもどこでも自由でいられる（肉體的）
3愉　人と会ったとき、お互いが愉快である（対人的）
4喜　物と巡り合ったときの喜び（恵財的、経済的）

幸　ハードウェア

1壮　精心的安定。安心で穏やかに、人生を思い通りに歩む
2健　肉體的健康。いくら働いても疲れない
3和　対人的調和。ウイルス、細菌、細胞、動物、植物、物、人間、神、神までですべてと仲良く
4匐　恵財に欲しいと思う前にいつでも何でも手に入ること。なので、欲しいと思わない

二〇二三年地球は銀河系からプラスの星に変わり、一番下の一二段階目がプラスに変わるのは二〇三五年になると私は考えています。従って、それを過ぎると幸福産業が小さな芽を出すのではないかと推測しています。

以上、この八つがすべて揃ったとき、最高の人生になります。これは万人共通です。しかし、今はこんな人は、地球上に存在しません。なぜなら、どんなに素晴らしい技術の持ち主であっても、材料が悪ければ、悪いものしかできません。

今迄の時代は、これと同じように、不幸の材料しかありませんでした。その不幸の材料を使用して、幸せになろうと思っても、絶対に無理というものです。

これと同じ理由で、今迄の時代の産業は不幸を対象にした「不幸産業」しかありませんでした。

二〇二三年地球は銀河系からプラスの星に変わり、一番下の一二段階目がプラスに変わるのは二〇三五年になると私は考えています。従って、それを過ぎると幸福産業が小さな芽を出すのではないかと推測しています。

環境（愛）と鐶境＝自分の周囲四〇センチ（戀）

私たち人間は、たとえば世の中に存在する自分が嫌いな人、もの、ことに対して、早くなくなればいいのに……とつい思いがちです。それに対して自然は、環境＝世の中に善悪、正誤、優劣など全く関係なく、すべて必要だから存在させてくれています。これを「愛」といいます。

そして私たちの「愛」とは、その環境＝世の中に存在するすべてを肯定的に受け止め、すべて自分の味方と思うことです。

環境の中から自分が好きで、樂しく、楽で熱中できるもの、自分も相手もお互いに良くなることを選んで把み、自分自身がつくったかんきょうのことを「鐶境」といいます。自分でつくった鐶境ですから「自己責任」になります。

環境すなわち世の中は、まだまだ祖の人、もの、ことがほとんどです。けれど、たとえば環境の片隅に小さな芽を出したばかりの、この天縄文理論をいち早く自分の手で把んで自分の鐶境をつくった人は、世の中がどうであれ、何不自由なく樂しく暮らしていれば、もう自分の周囲40センチメートル「皇」になっているといっても良いでしょう。

よくある「皇はいつからですか?」という質問の答えは、個人個人違います。もうすでに「皇」の時代になっています、というのが答えです。

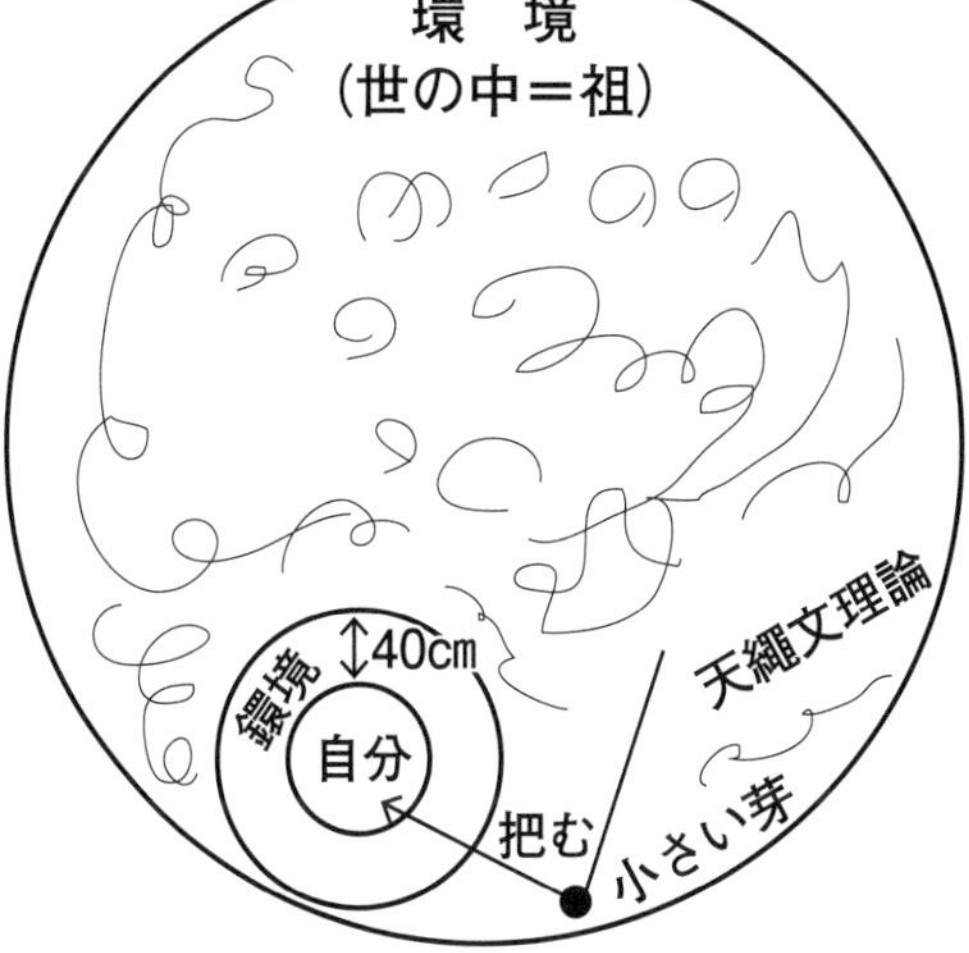

図18　周囲40センチメートルは「皇」

それは先ほど述べた「愛」と「戀」です。ウイルスが入っても、自分が正常なら同化できますし、免疫がありますから発病しません。逆に、「ウイルスが悪い」「つまらない世の中だ」などと思った時点で、免疫力がさらに落ちます。「さらに」と書いたのは、太陽光線のところで書きましが、今の時代の転換期に、自然はウイルスや細菌を体内に入れて、祖から皇の時代へ体質改善や意識改革をしてもらうために太陽光線のエネルギーを変化させています。そして、人間の免疫力を落としてウイルス、細菌などが人体に入りやすくしているのです。そのとき、さらに落ちてしまうと発病しやすくなってしまうことになるのです。

ここで一つ付け加えておきたいことがあります。今の時期になったから書けることです。

マスクを付けると、マイナスになるということです。

最後に、新型コロナウイルスやインフルエンザ感染者の症状の一つである肺炎にならないための注意点を書いておきます。

①できるだけ人と会わず、話さず、動かず、一人で静かな時間を過ごす。できれば静養状態で。

②思考しないこと。今の転換期はいろいろ考えたりすると不安になる。

③毎日樂しく、呑気に生きる。

次に、肺炎になってしまった場合の過ごし方です。

①体を温かくしてすぐに休む。

②頭と首を冷やす。
③常温のスポーツドリンクや温かいお茶を飲む。
④思考しないこと。思考すると不安になる。自分は自分、他人は他人と割り切ること。
⑤語（ことば）を発しないこと。
⑥解熱剤は絶対に飲まないこと。

次に、睡眠・食事・排泄の意味についてです。
①睡眠は精神（心）に影響を与え、最終的に対人に影響を与える。侖（睡眠を充分にとると、精心的愉快、樂しさ、喜び）が得られる。
○異常（不眠）になると、事件に巻き込まれる（睡眠は事件に関係し、事故、天災には関係しない）。
○人力で良くする方法
・他人にお節介をしない
・他人に興味を持たない（あの人があだ、こうだと怨念を持ったりしないこと）。
・将来を思考しない。将来には「不安」という材料しかない。

②食事は、肉体（肉體）に影響を与え、最終的に経済（恵財）に影響を与える。働き口、物質的な流れを得る。

○異常（食欲不振、特に朝食を抜く）＝事故に巻き込まれる（食事は事件、天災には関係ない）。

○人力で良くする方法

・美味しいと思うものだけ食べる（食べたいものは、体内に入っている祖の人が食べたいのであり、美味しいと感じるのは自分が必要なもの）。

・時間を決めて食べる（夕食は六時前に終わること。六時以降は、体内の祖の人が栄養をすべて摂ってしまう）。

③排泄は、物体（体重、ホルモン）に影響し、最終的に働くことに影響を与える。排泄は口から何を入れても、不要なものは出す能力のこと。

○異常（便秘、下痢、尿の出が悪い、頻尿など）＝天災に巻き込まれる。倹約して何でも取っておくと、尿素が溜まり、関節痛になる（排泄は事件、事故には関係ない）。

○人力で良くする方法

・他人を頼らず、自分で決める

・物質的思考から精心的思考へ転換する

・土地、家のエネルギーの良い所に、自分で決めて自分で住む。具体的には、暖気を感じる所、見た目の美しく明るい所、嗅気の良い所、交通の便の良い所、駅のそば、静かな所、緑の多い所、家の玄関が北東（鬼門）または南西（裏鬼門）の家、平地かまたは道より少し高い所に建っている家（道より低い所はできるだけ避ける）、海の近くはできるだけ避ける（文人は山が好き、彌生人は海が好き、海の近くは津波の被害あり）、道に迷わず行ける所などを選ぶと良い。

以上、日々の生活の参考にしてください。

問題解決法は「地動説」にある

私たちは、今はもう誰でも、地球が自転しながら太陽の周りを公転しているという、「地動説」の知識を持っています。

しかし、知識で知っていることと、本当に「わかっていること」には、大変な開きがあります。たとえば、私たちには日常、様々な出来事が起きていますが、自分の思い通りの結果が出ないときに、皆さんはどうされているでしょう。たぶん、「あの人のせいでこうなった」「政治が悪いからこんな酷い目にあっている」「世の中が悪いから」「社会が悪いから」「先生が悪いからうちの子はあんなふうになってしまった」と、挙げればきりがないほど、原因を誰かに押し付けていませんか。

こうした考え方を「天動（説）的思考」といい、「結果論」といいます。これでは真の解決など見つかるはずはありません。

でも、この「天動（説）的思考」は、今迄の時代の世の中のルールでしたので、仕方ないことでした。ルールということは、地球上すべての人が大なり小なりこの思考で動いていたということです。

では、これからの皇の時代はどうでしょう。皇の時代は、本当の意味の「原因論」で、「地動（説）的思考」に変わります。

「原因論」では、原因は唯一つです。「自分に起こることの原因は、すべて自分自身がつくっている」ということです。これは宇宙の法則のいわゆる「因果の法則」と呼ばれるものです。自分の取り巻く環境は、すべて自分自身がつくっている、自分が変わると、すべてが変わる、という考え方です。

世の中に何があっても自分には関係ない、他人も関係ない、自分は自分、人は人、自分がその出来事に関係しているかどうかです。

たとえば、飛行機が墜落しても、自分には関係ありません。それに自分が乗っていたら、自分に乗った原因があるということです。乗ったのは自分であり、何が起きても誰のせいでもなく、自分がその飛行機を選んで把んだから乗れたのです。自分が墜ちる飛行機に乗るという種を蒔いたので、その飛行機に乗り、結果として墜落という実が生った。つまり、結果が出ただけのことです。他人が蒔いた種、すなわち他人の原因によって、自分に実が生る、すなわち結果が出ることは絶対にありませんので、他人のせいにはできません。悪い実が生ってしまったらどうにもなりません。と言われると、何か絶望的になってしまいますが、実は、このときが大チャンスなので、むしろ喜んでください。

なぜなら、自然は、どんな結果であれ、自分にとって必要なことだから、起こしてくれているのです。大事なことに早く気付きなさい、と教えてくれているのです。

実は生ってしまったら（結果が出たら）、あとは枯れて消えていくだけですから、その結果に対してくよくよこだわらず、冷静に、なぜそうなったのか原因に気付き、次に良い種を蒔くことに専念すれば、人生はガラリと好転します。なぜ、言い切れるかといいますと、実は私自身が実証済みだからです。私も失敗は日常茶飯事です。昔は例外にもれず私も人のせいにして生きていました。

ところが、小笠原さんの一週間セミナーの最中、小笠原さんの一言に大変落ち込み、一カ月ほど睡眠薬を飲まなければ眠れない状態になってしまい、死んだ方がましと思いました。そんなある日、遂に「気付きの芽」が出たのです。その芽をつまんでみると、今迄およそかけ離れて関係ないと思っていたことが、一つの物語のようにお互いに絡み合って意識上に現れて、次々に気付きが湧き上がってきたのです。奥深くから喜びが止めどなく噴き上るあの感覚は、ことばにできません。

その出来事からずーっと私が苦しんだ小笠原さんのことばは、私の内にいる大きな悪いゴミを出すため、ゴミに向かって厳しく言ってくれたものだと気付いたのです。同時に、小笠原さんの「無知だから腹が立つということばも胸にささります。確かにあのとき、小笠原さんのことばの読み解きができていれば、あれほど苦しむことはなかったのです。それ以後、私は腹が立つとき、このことばを思い浮かべています。

その後も、小笠原さんとの間でこのような経験は何度かあって、そのたびに、今度は何に気付きなさいというのか、失敗して落ち込むたびに、樂しみになりました。どうも落ち込みが深いほど、気付きも大きく深くなるようです。

こんな素晴らしいチャンスが与えられているのに、他人のせいと恨んだり、腹を立てたりしていると、以前よりもっと悪い種を蒔くことになり、もっと大きな悪い実が生ります。こうしてどんどん悪循環に陥り抜け出せなくなってしまいます。すべて原因は自分がつくったもので自業自得、自分で責任をとるしかないのです。

もう、この「因果の法則」＝「自己責任」＝「自立」という方程式は、ビッチリ働いていますので、心してください。いつまでも気付かずにいると、気付くまで何回も試練が来ますが、来ているうちはまだ良い方であり、自然から見放されないようにしてください。それは、あの世に逝くことになりますから。

小笠原さんが「僕がこの研究をやろうと思ったきっかけは、自分が変わればすべてが変わる、原因は自分にあるということがわかったから……。自分が変わるほうが楽だから」と言っていました。

この転換期はとても生き難い時代です。今迄活躍していた先祖の方々が次々にお休みになっていますので、特にご先祖様に可愛がられていた地上の人々、つまり権勢を誇っていた人々が、舞台から消えたり、亡くなられたりしています。

そして、食料も底をついてしまい、空気も汚れ、病気も増えています。サプリメント（健康補助食品）がたくさん出回っているのは、本来は農産物で豊富な栄養を摂取するのですが、もう限界に来てしまったため、いろいろなものを練り合せて作ったもので補おうという現象です。皆病気なので飲みたくなるのです。

その他にもこの転換期には、様々な変化が同時に起きています。

こうして、今迄の世の中のルールが終わりを告げようとしている現在、これから迎える新しい「皇の時代」の宇宙のルール、世の中のルールが動き始めています。ややこしいのは、現在、今迄のルールで動いている人と、これからの新しい時代の宇宙のルールで動き出した人がいますので、両者の生き方が全く異なっていることです。

今の混迷期にはなるべく静かに過ごすのが無難なようです。何しろ今は生きてさえいれば、命があるだけでいい、食べられさえすればいい……という大変な試練の期間です。しかし、この困難な転換期を乗り越えた先には、本当に素晴らしい、明るい世界が広がっています。そんな素晴らしい時代を体験しない手はありません。

できるところから皇流の生き方に変えていきましょう。

第五章

転換期をどう生きるか

今の転換期の生き方　幸せの流れ

私たちの生き方の流れとして、最初は精神から始まります。

①精神→②肉体→③対人→④経済→⑤運流→⑥世の中の順です（後ほど詳しく述べます）。

今はとてもむずかしい時代で、というのも、「皇の時代の生き方」の前に、「今の転換期、混乱期をどう生き抜いていくか」も、とても大事ですので、主にこの項では、後者の方を軸に書いていこうと思います。

自分の思考の精神領域→行動までは、まだ祖の状態なのですが、それに対して結果（良、悪）は、自然のルールで出されています。そして自然はすでに皇に変わっています。

このことは何を意味するかといいますと、自分が今迄の常識や知識を使って良かれと思ってやったことが、すべて逆の悪い結果になり、自分の思い通りの結果が出ないということです。

たとえば、健康だったら、金持ちだったら精神的安定が得られるという思考は、今迄の祖の時代の「宗教的思考」です。健康と精神的安定、金持ちであることと精神的安定とは、別々のルールで動きます。

さらに皇になった自然は、宇宙のルールで動いています。そのため、祖と皇のギャップで不幸だと感じてへこんでいるのは、実は自分ではなく、自分の体内にいる見えない祖の方々なのです。

私たち人間は、DNA解析を生きている人間がやっていると思っていますが、解析というのは、その本人の内外に住んでいる先祖やその他の目に見えない方々がやっているものです。あくまでも解析です。

それに対して、自然は、遺伝子、DNAを創造したのです。どう考えても、解析者よりも創造した自然の方が上であって、その自然が出してくれた結果は、すべて本人にとって必要なことであるはずです。

ですので、自然が出してくれた結果に対して、すべて受け入れ「すべて良かった」と、どんな結果でも喜べる自分になるように、心掛けるだけでもやってみてください。現実にはなかなかむずかしいことですが、少しずつでも実行できるようになると、本当に人生がスムーズになってきます。これも実証済みです。

では、幸せの流れの1精神→2肉体→3対人→4経済→5運流→6世の中について、一つずつ見ていきましょう。

(1)精神的に安定し、樂しく生きる方法

①何が起きても、すべて自分にとって必要なことと思い、喜んで樂しむ。
これは今述べた通りです。
②常識にこだわらないで、知恵を出して生きる。
これも先ほど触れましたが、祖の時代は同じ先祖が皆に同時に同じ信号を送りましたので、その先祖に操られた人間は、すべて同じ思考、行動をとるわけです。これが常識といわれるものです。画一的な知識、脳で考えた答えは皆同じになります。

皇の時代になると、自分の魂によって動くようになりますので、心を使って独自の智恵を創出し、好嫌で判断しますので、各人がバラバラな思考、行動をとるため、常識は使えません。

つまり、今迄の価値観と一八〇度異なりますので、自分自身が皇に変わらないと、ピ

ンとこないかもしれません。ですが、時代は確実にその方向に向かっているのは、事実です。

③よくない話、他人の話、過去の話は、なるべくしない。

④自分にとって不要なこと（記憶、勉強など）をしない。

⑤嫌いな人と付き合わない、嫌いなことをしない。

⑥自然界の植物、動物、鉱物を、よく視聞する。

たとえば、自分が正常なときは、鼻からすべて良い臭いが入ってくる→耳からはすべて心地良い音、声、啼き声が入り、騒音までもが心地よく響く→そして最後に結果として、目から入る情報すべて何を見ても良いもの、きれいなものが入ってくる。

以上のように、すべてが心地良いというときは、自然の今と、自分の今がピッタリ合っているということを意味します。

しかし、今はまだ、ここまで揃うのはむずかしいと思います。

(2)肉体的に健康で元気に生きる方法(脳の本質・アレルギーと脳)

①食事は一人で、美味しくて、味の良いものだけを腹半分食べる。味が悪かったらすぐ吐き出す。食事の養分、要素は一切関係ない。何を食べても良い、気にしない。こだわらない。これが害になる、ダメと思ったときから害になるのです。

②夕食の時間をなるべく六時までに終える。毎日同じ時間に摂る方が良い。

③寝る時間はなるべく十時までに床に就き、九時間以上寝る。

今の転換期は、自然が祖の体から皇の體へつくり換えてくれています。つくり換えるのは寝ているときにしかできないということで、睡眠が特に重要なのです。

④行動をゆっくりする。特にこの時期は急ぐと怪我や事故に巻き込まれやすい。

皇の時代は今迄よりも、ゆったり、のんびり、穏やかに、優しい時代になります。その意味でも、今迄のように、ガツガツ、ガンガン、ドンドン、ガシャガシャと騒々しく、気ぜわしくする時代ではありません。なるべくこれからの時代に合わせるように心がけたいものです。

⑤嫌いな仕事をしない。

これはもう説明は不要なほど、皆経験されていることでしょう。

⑥運動量をなるべく少なくする。苦しくしんどいことはしない。

今迄の祖の時代の体は鍛える体でした。しかし、今、自然がつくり換えてくれている新しい時代の體は、鍛えなくて良い體に変化しているのです。それは若い人たちの現象を見ると、わかると思います。若い人たちは総じて運動があまり得意ではなく、家でゲームをやり、体力も低下傾向にあるのはそのためです。

つまり、若者はこれらの変化を本能的にわかっているのです。逆に変化がわからない人は、今迄通りに頑張って努力して鍛えなければならないと思って続けています。そういう意味で、変化を感じたい人は、若い人の行動に目を向けると良いのではないでしょうか。

⑦脳を使い過ぎない、考え過ぎないこと。

脳について少々触れておきたいと思います。

○脳の本質

1脳は本来、肉体（肉體）のために存在しているのです。体内の働きをそのときどきで微調整して、すべてのことをコントロールしています。ですから、考えることのために永々と使っているとオーバーヒートしてしまい、体への働きができなくなり、病気になります。考えることは、瞬間的に脳を使うのが良い。

2自分が樂しいことを実現させるために考えること。

3脳は良い加減。つまり、まあまあで泰《オオラカ》に生きるのがよく、完全主義的傾向すなわち白黒はっきりさせるのは苦手なのです。

たとえば、これを食べてはだめ、あれをやってはだめと脳で止めると、祖の生き方のまま頑張ることになります。

❶脳の健康のためには、できるだけ力を抜くこと。

❷誰に何を言われても、気にしないこと。

❸強くなること。

❹頭を使っても良いが、気を遣わないこと。気を遣うと他人の途に入ってしまう。

4脳は延々と進可するものです。

○アレルギーと脳

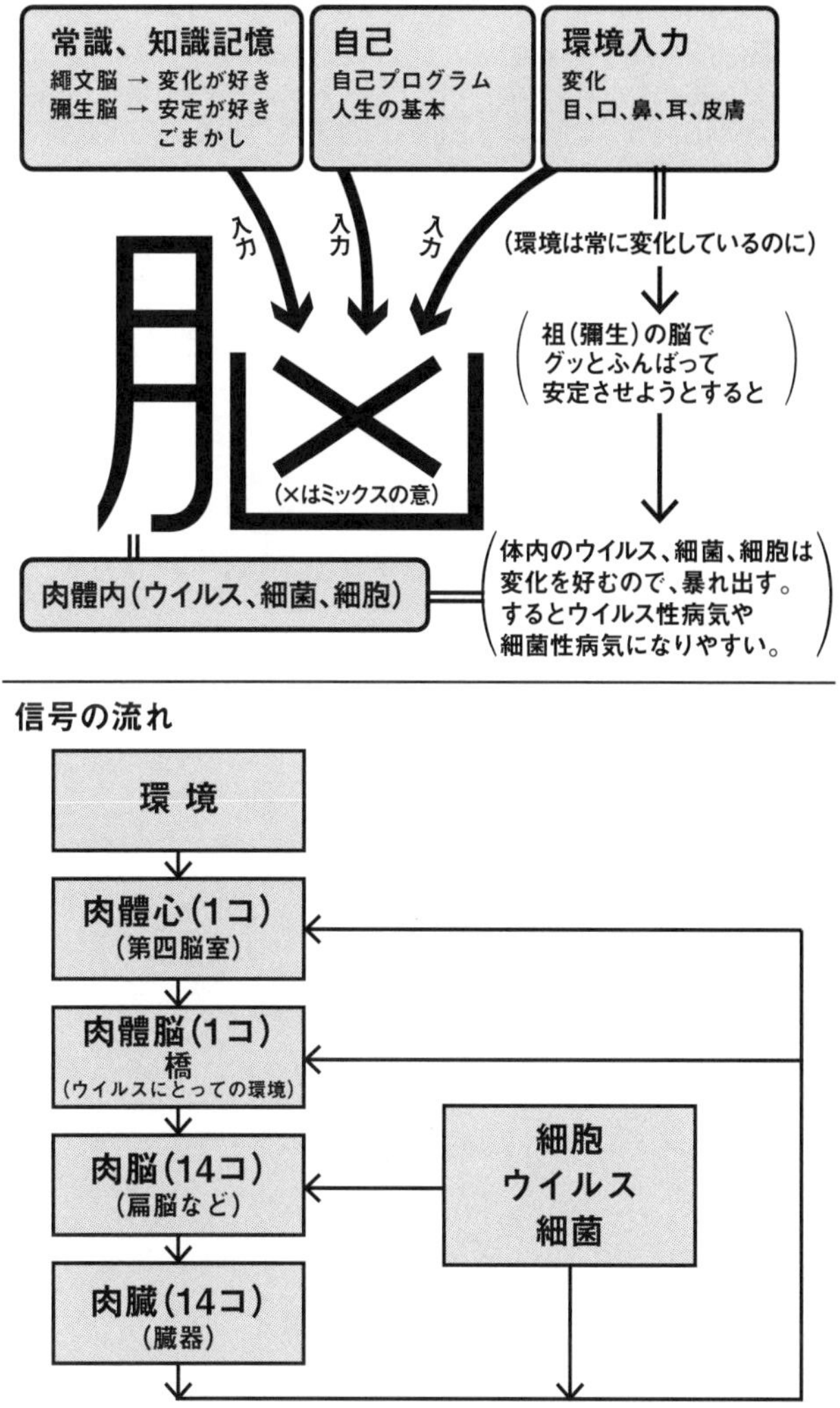

図19 脳とウイルス

近年アレルギー体質の人が急増しています。アレルギー体質は免疫と密接な関係にあり、脳でコントロールしています。

本来の免疫力とは他、すなわち食物やウイルス、細菌など体内に入ってきたものを自分のものにする能力のことです。免疫は本来、入ってきた異物を攻撃しなければならないのに、異常になると自己も攻撃してしまう。これがアレルギー反応として出るのです。

スギ花粉の多い所の人は、花粉症が少ないそうです。その理由は、肉體脳（橋）には、「自己基準」というものが設定されていて、花粉が多い地域の人は、もともとこの自己基準が多く設定されており、花粉症にかかる人は、花粉が少ない地域の人で、もともと自己基準が小さいのです。

加えて、メディアで毎日「スギ花粉で花粉症になる」との情報を入れると、自己基準が変化して、かかりやすくなってしまうのです。

ここからが大事なことです。

何でもそうですが、「害になる」と思った途端に害になってしまう。免疫は情報入力であり、免疫異常は入れてはいけないもの、つまり誤った情報を、必要な情報と錯覚して入れてしまうことから起こるものです。

ですから、今の誤った常識、知識をあまり入れないために、メディアの情報入力はほどほどにした方が良いと思うのですが……。これがこれからの見えない世界の考え方です。

今、メディアや医学で盛んに取り上げられているのは、「脳」とか「脳の働き」です。今迄の祖の時代は、脳の時代すなわち、考える時代でした。

しかし、これからの皇の時代は、心の時代。すなわち、思う時代に移ります。

ですから、脳の研究から心の研究に移行し、メディアや医学界で「心」が中心になってきたとき、皇の時代に入った証ですので、いつ頃そうなっていくか、見ていると樂しいでしょう。

(3)対人、人間関係を良くする方法

①自分を大切に生きる。
自分を大切にできない人は、他人を大切にすることはできません。

この意味は、自分に正直に生きることです。自分を偽って、欺くことは、人に対

して裏切る、欺くことと同じです。良い子にならずに、自分はこういう者ですと正直に示し、嫌なこと、嫌な人とはなるべく付き合わない方が無難です。

②他人を大切に生きる。人に嘘を言わない。ごまかさない。欺かない。

①と②は表裏の関係で一対になります。ちなみに、他人とは、自分以外のすべての人のことです。

自分の中味と外とを同じにしておき、嫌われても良いと泰らかに構えて正直に自分を出すと、とても楽です。トラブルの多くは、中味と外側とが違ったときに起こるのです。人に好かれようと八方美人になると誰からも相手にされなくなります。

たとえば、Aという看板を出して、中味がBだったとき。本当は肉屋なのに、隣の魚屋が繁盛しているからといって、魚屋の看板を出したら、怒られるのは当たり前です。こうして例を挙げればわかりやすいのですが、自分を偽り、他人を欺くというのは、これと同じことをしているのです。

③何があっても他人を裁かない。

人が人を裁くことは、自分の持っている狭い知識での善悪の物差しであり、本来やってはならないことです。ですので、これから死刑制度は無くなります。

これから人を裁く役割は、自然がやります。自然の基準はただ一つ、宇宙のルールに合っているかどうかということだけです。人間のような善悪ではありません。

④他人に対しておせっかいをしない。

ここでいうおせっかいとは、相手が望まないことを、自分の意思を押しつけ、自分の思い通りに相手を振りまわすことです。これは慾から来ています。

世の中に喧嘩をしたい人はそう多くはないと思うのですが、争いが起きるのはなぜでしょう。

それは他人の領域に入り込むからです。

たとえば、きれい好きのAさんがいて、いつも自分の家をきれいに掃除していいます。しかし、B家が汚いからといって、B家に入って勝手に掃除をしたらどうなるか、想像してみてください。

これはたとえ家族であっても同じです。夫、妻、子ども、親すべて他人だということを頭に入れておいてください。

⑤他人に対して説教、説得をしない。

まず、相手の思い考えを尊重し、自由を奪わないようにしましょう。説教、説得は、今のことばでいえば「上から目線」で偉そうにすることです。今迄は許されていましたが、もう、できなくなってきています。その証拠に、あまりやりすぎると、殺人事件にまで発展しかねないので、くれぐれも注意してください。

⑥他人に対して興味を持たない。

この意味の一つは、他人に対するマイナスのことを思考してくよくよ悩むことです。もう一つは、興味本意で自分に関係ないことに首を突っ込む。さらに他人に憧れてあの人のようになりたい、羨ましいと思ったりする。いずれにしても、他人に興味を持つということは、自分の途ではなく、他人の途を歩くことになります。本来、生まれたときから自分の途は決まっています。それを他人の途に入り込むわけですから、どんな人生になるか想像してみてください。

あなたにはあなたにしか歩けない、素晴らしい途があるのですから……。

⑦自分や他人を縛らない、縛られない。

不思議なもので、他人を縛ると、自分が縛られる羽目になります。これは経験された方が多いと思います。

自分で自分を縛ることも結構やっていることです。

たとえば、旅行に誘われたとき、子どもがいるから、夫がいるから行かれないと断ることです。しかし、子どもや夫は、うるさく言われず羽根が伸ばせると喜ぶかもしれません。「私がいなければ、何もできない」と自分だけが思っていることで、案外、いなければいないでちゃんとやるものです。

そして、他人を縛らないとは、他人の自由を奪わないことで、これからは、「絶対的自由」がとても大切になってきますので、心してください。

⑧他人と無駄話をしない。

今の若い人はほとんど喋らず、メールやツイッターなどで用件のみを書き込むという人が増えています。そして、もともと男性は女性に比べると口が重い方ですので、これにあてはまるのは女性、なかでも中・高年の方に絞られてきそうです。

というのも、女性の脳は、男性の脳と違って、お喋りがストレス解消になっているらしいのです。お喋りをしないでストレスを溜めるのもどうかと思いますので、これからは、ほとんど喋らない時代になるのだということを、心に留めておいていただければ良いと思います。

⑨好きな人、自分に合う人と付き合い、嫌な人と損得では付き合わない。

嫌な人と無理に付き合っていると病気になります。

今迄の時代は、好き嫌いというよりも、損得勘定で人間関係を築き、得なら嫌いな人とも付き合えたのです。誰もが例外なくそうしてきました。

その理由は、それが今迄の時代の特徴だからです。加えて、今迄は肉体のカバーが厚かったので、誰とでも多くの人と付き合えたのです。

しかし、これからは肉體のカバーが薄くなり、自分の波導に合った人でないと、付き合えなくなりますので、今迄のように多くの人と付き合うことはできません。嫌いな人と損得勘定で無理に付き合っていると、體の具合が悪くなります。第一、もう、損得関係で動く時代ではないのですし、皆さん自身がそういう動きが嫌になります。

⑩他人と群れない、同一行動をしない。

もうすでに、昔と比べると集団で動くことを好まなくなってきています。会社の団体旅行なども減ってきていませんか。これからは個性が光る時代ですから、当然といえば当然のことでしょう。それぞれ我が途を行けば、バラバラな行動にならざるを得ません。気の合う仲間と旅行に行くときは、目的地で集合し、現地解散するのです。

もっと時代が進んで精心のエネルギーが上がってくると、一人でぶらりと行った旅行先で、会いたいと思った人に会えるということになります。もう、そういう現象が起こりつつありますので、樂しみにしてください。

(4)経済的に裕福に生きる方法

①起きたら、まず排泄（糞、尿）する。
②朝食は起床して三〇分以内に始める。
③お金儲けのみに専念しない。
④何かを買うときはすべて前払いか、または現金引き換えで支払いをする。

ところで、皆さんはお金が入ってくるのと、出すのではどちらが樂しいですか。例外はあるでしょうが、多くの人は、入る方がいいと思われるのではないでしょうか。

それにはちゃんとした理由があります。

今迄の祖の時代というのは、その前の秸の時代で余ったエネルギーを利用していて、新たなエネルギー生産がない時代でした。エネルギーはお金に換算できますので、エネルギーもお金も同じと考えてください。つまり、エネルギーは有限でしたので、使うと無くなる、出すことは損という概念ができ上がりました。いちど入ってきたら今度いつ入るかわからないので貯めておこうという思考で、預貯金の数字が増すのを眺めてはニンマリしていました。今もまだこれは続いています。この行動はあなたがやっているのではなく、あなたの体内にいる祖の人々がやっていましたので、その人々が少なくなった人は、ほとんど預貯金の額に興味がないと思います。

そして今迄は収入があってから支払う、入らなければ出せない、支払いはなるべく延ばすのが得策という考えから、飲食も商品も支払いはクレジットカードやツケで後払いが成立していました。

ところが、これからは秸の時代と同じように、ヒルの時代となり、干由光線が当たり出すと、宇宙エネルギーが豊富に満ち満ちてきますので、出すほど増えるようになるのです。すると当然、今度は一転して出すのが樂しくてたまらないということになるのでしょう。まだ今は転換期で時代が変わっていませんのでピンときませんが……。

そうした時代の変化により、何かを買うときは、前払いすると、払ったより多く入ってくるということになり、商品と現金引き換えにすると、プラスマイナスゼロで、増えもしなければ減りもしないということです。後払いはマイナスつまり、出したより入ってくる額が少なくなるということになります。

昔から「金銭出納帳」といいますが、本来は出す方が先なのです。

⑤すべての行動は樂しく、楽なことを、ゆっくり行う、自分のリズムを守る。
⑥他人の真似をしない。
⑦物質、物品を大切に使う。
⑧物は樂しく、楽なもの、便利なものを使う。

○収入を増やしたい

ところで、世の中には自分のしたいことと、自分ができることがあります。よく収入を増やしたいのですが……といいますが、収入は入力を意味し、出費は出力になります。収入、入力は自分でしたいことですが、自分ではできないことですので、思考してもどうにもなりません。

入力というのは、今迄は先祖がやっていたのですが、これからの皇の時代は、自然がコントロールすることが決まっています。

あれが慾しい、これが慾しいという、したいことは慾から出ています。

では、自分ができることは何でしょうか。

「出力」のすべては自分ができることですので、出費には全力を注いでください。収入が少ないなら、経費をトコトン削減することが自分でできることです。

本来自然は、一〇〇パーセント出力したら、自然の「欲[1]」で自動的に埋めてくれるようになっているのですが、この現象が実現するには、一〇〇万円のうち五〇万円使ったら、一五〇万円になる。二〇〇万円になるという思考にならないと無理です。

今迄の祖の時代のように、一〇〇万円引く五〇万円は残り五〇万円という思考がある限りできません。それに祖の時代は、自然自身がお休みしていて働かなかったので、自然の「欲」機能も充分働いていませんでした。

しかし、最近はその兆候が出始めています。

---

(1)自然の欲はこの字です。

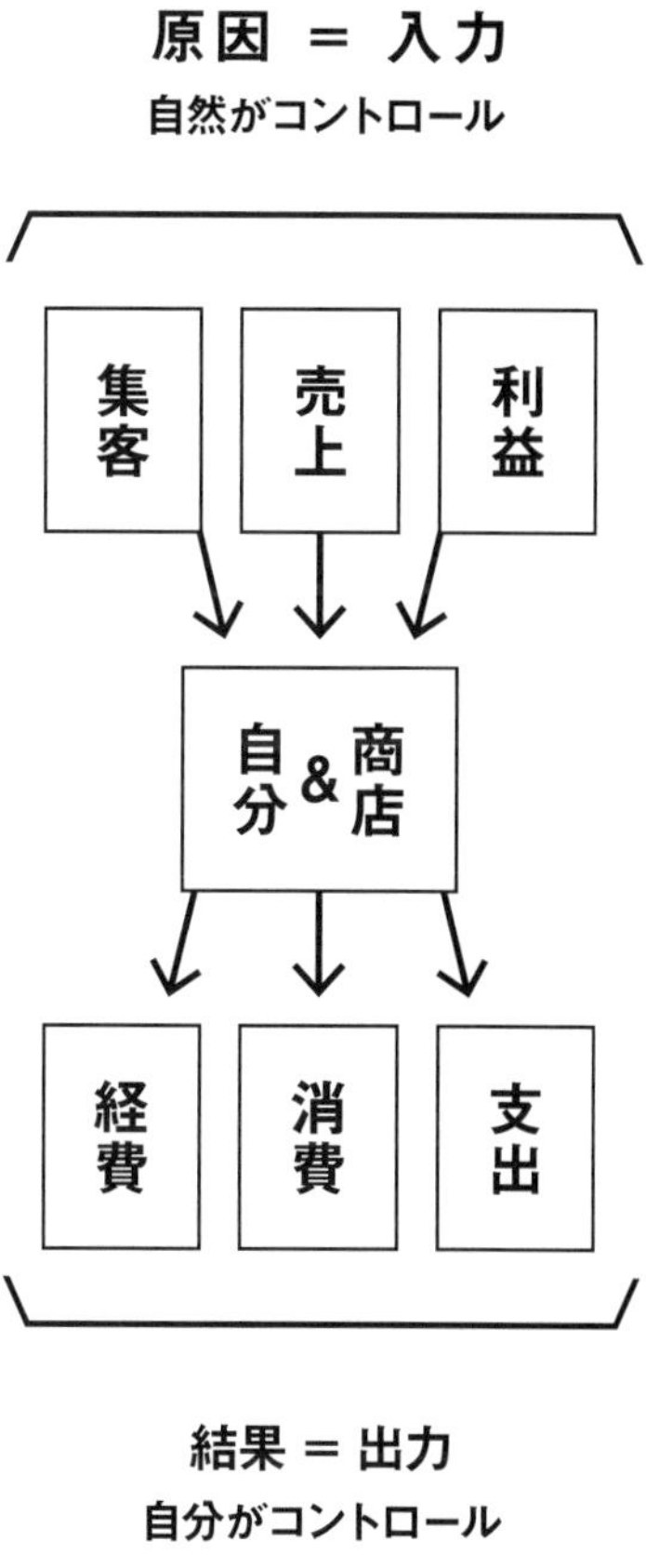

図20　入力と出力

たとえば、人に貸したお金が返ってこない、もう生活ができないと思っていたとき、思いがけない入金があったとか、旅行に行きたいがお金がないと思っていたら、臨時収入があったとか、経験している人がだんだん増えています。時代は確実に変化しています。

研究では、祖のお金が一旦ゼロにならないと、皇のお金は入ってこないらしいのですが、半分に減ると、皇のお金が入るとも、小笠原さんは言っていました。そのどちらが縄しいのか、今のところはわかりません。けれど、私自身の経験から一旦ゼロにする説を取っています。祖のお金とは、毎月定期的に同じところから入って来るお金です。皇のお金とは、どこから入ってくるかわからない、必要なときに入ってくるお金のことです。そのため、預貯金がゼロでもよくなります。

いずれにしても、皇の時代に変わって、皇のエネルギーが充満するようになると、自然の欲の機能が充分に作動してくれるはずです。

今のこの転換期、混迷期は、生きてさえいれば良いという、一番大変な時期になると思いますので、もうしばらく忍耐が必要でしょう。でも、その困難を乗り越えた先には、明るい世界がありますので、樂しみに待ちましょう。

○商売

ここで少し商売について触れておきたいと思います。

商売においても、入力、出力の関係は個人と同じです。利益、売上、集客の入力は、自然がコントロールしています。もう「自然の欲」が働き出していますので、出力だけに全力を注ぐとうまくいくようになってきました。

なお、商売がうまくいかないというときは、とりあえず業種（ハード）は変えず、やり方（ソフト）を変えてみると良いでしょう。

商売も魂職と同じように、自分もお客さまも、好きで、樂しく、楽で便利な物をつくり出すことを心掛けるといいと思います。

利益は自分でつくり出すものではなく、自然から分け与えられるものです。利益の意味は、思ったより多く溢れ出るほど入れてもらえたときに、自然が認めてくれたことを意味します。

利益とはお金（ハード面）だけでなく、やった以上に、思った以上に相手が喜んでくれることです。

従って、利益のない場合は、自然が承認していないということの証拠ですから、やってはならないのです。

今もまだ「原価＋利益＝売価」を決めています。

さらにもう一つ、とても疑問に感じていることがあります。近頃は一年中セールをやっていますが、なかには七五パーセント引きというものも見受けます。とすると、それでもまだ利益があるなら、いったいいくらが適正価格なのかという純粋な疑問が出てきます。消費者にとっては高かったものが少しでも安く手に入るのは嬉しいことですが、これもごまかしの時代はまだ続いていることの証拠です。

しかし、皇の時代になったときには、こうしたごまかし、嘘のやり方は成り立ちません。なぜなら、皇の時代に交代して出てこられる神様は、嘘、ごまかしが大嫌いだからです。

皇の時代のルールは「正直」がモットーです。今はもうこのルールが少しずつ動き出していますので、千円、二千円となるべく釣銭が出ないような価格設定にすると良いでしょう。徐々に正直さを増すようにしていってください。

時代が進むにつれて、値段は、あってなきがごとくのようになります。今の経済システムでは無理ですが、たとえば、買う人によって値段が違ったり、あるいは、商品の値段をメーカーや売り手が付けずに、買う人が好きなだけ支払う形です。お客様が付けてくれた価格が、商品の価値である値段になります。原価は自然が知っています。売る側が一万円と思っていたものが、五千円しか頂けないというときは、自然がやめなさいと教えてくれているのです。自然が認めてくれたときは、個人のエネルギー量によって差はありますが、想像以上に増えることは確かです。

⑸対人と経済の確認方法

ところで、対人と経済は一対になっていますので、両者をからめて、大事な部分を述べたいと思います。今迄述べたことと重複しているところもありますが、対人と経済がうまくいっているかどうか、確認する方法です。

①聴、聞（一番大切）

自分を修正するために聴く、聞くことが大事です。他人からどんなことばが入ってくるか良し悪しに関係なく、他人から発せられたことばは自分を修正するために、自分にとって必要な意味がありますので、決して反論しないで、ただ聴き、聞いてください。

争いは、人に気を遣ったり、人が気になったり、おせっかいなど他人の途に入り込んだとき、つまり、自分のポジションが、今からズレたときに起こり、嫌なことばを耳にするのです。この対人関係を修正すると、お金が入るようになるでしょう。

自分の対人縁が良く保たれているときは、好きなことば、良いことばが入ってきて、何を言っても相手が喜んでくれます。チェックしてみてください。

②貯金箱はお腹の中にある

これを説明するには、少々別のことが必要になりますので、次頁の図表を参考にしながら見てください。

〈五体の心の動き〉

よく「五体満足で生まれてきた」といいますが、そのように通常私たちが使っているのと、少し意味が違うと思います。

五体とは、人間の体の構造で、魂、靈、靈躰、幽体、肉體の五層になっています。そして、それぞれの体を動かす心があります。魂心、靈心、靈躰心、幽体心、肉體心です。それぞれの心の動きは決められています。

人は生まれてくるときに、一生分に必要な財宝を入れた器を持っています。その額は魂心の己彔に書かれていますので、それぞれ決まっていて、最低の人でも一〇億円になります。といっても、もちろんお金がそのまま入っているわけではなく、エネル

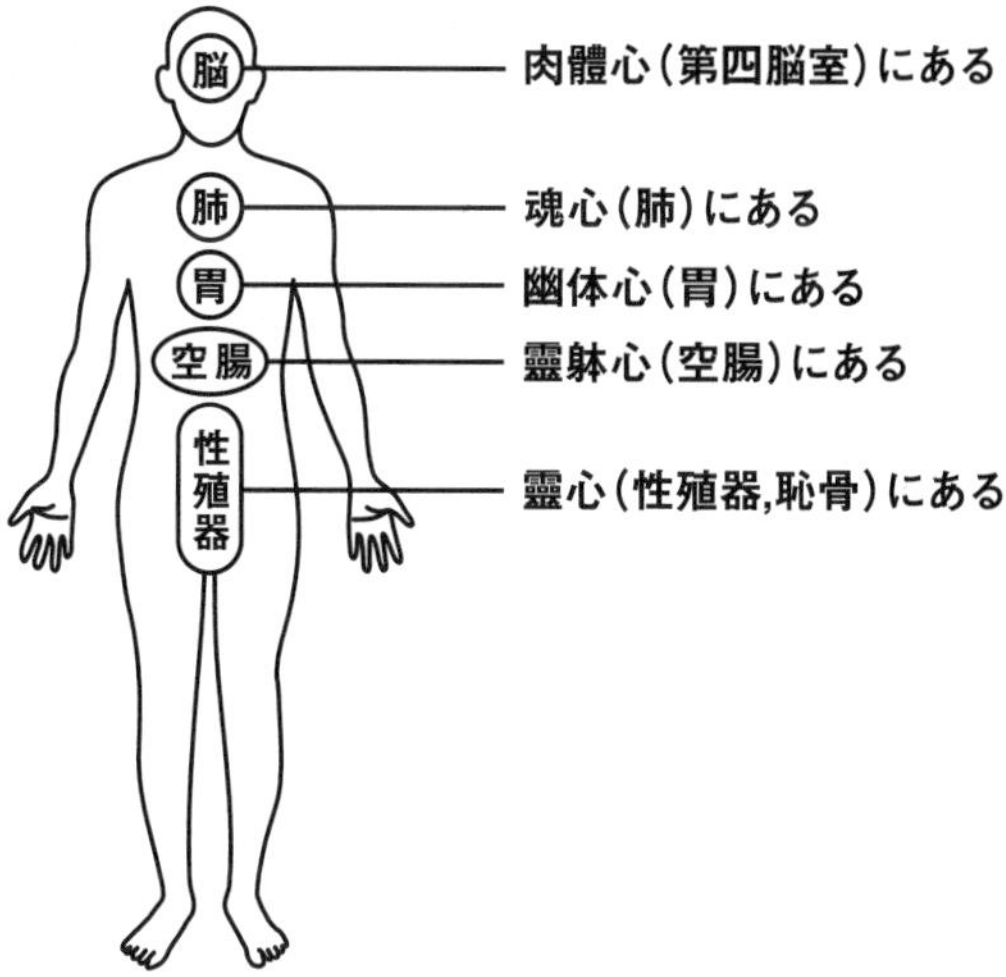

名称	存在場所	働き
肉體心	第四脳室	精神的安定
魂心	肺	全身の感動、進可を好む
幽体心	胃	感覚、感情、睡眠、環境、運、言葉
靈躰心	空腸	財貝戈、商取引、魂職（仕事）、経済、商売、金、物、地位、名誉
靈心	性殖器 恥骨	対人縁、対動物縁、対植物縁、対物縁などすべての縁

図21　体を動かす心

ギーです。

図21を見ていただくと、財賎は空腸の中に入っています。体内の空腸と、体外の預貯金はイコールですので、空腸のエネルギーが外に働くと、預貯金ができるという仕組みになっているのです。つまり、自分の空腸の今のエネルギー量を知りたければ、預貯金の金額を見ればわかります。

ですから宝くじやギャンブルで大金を手にしたとき、注意しなければならないというのは、自分の器の大きさ以上のものが入ると、器を破壊してしまうからです。これが、宝くじが当たった人が不幸な人生になるという理由です。もし宝くじで大金が入ってしまったときは、三分の一の法則に則って、三分の一を自分が一番好きな人にあげて、三分の一は自分の周りにいる親しい友人たちと使い、三分の一を自分のために使うと、無事に過ごすことができるようです。つまり、すべて自分で抱え込まないことです。

③食事

今迄は、そして今も家庭においては、一家団欒、家族揃って楽しく明るく賑やかに食事するというのが、家庭の理想像とされています。それに水を差すようで心苦しいのですが、これも新しい時代のルールですので、あえて取り上げたいと思います。

これからは家庭での食事も外食も、なるべく一人でするのがいいようです。そして、それぞれが自分の時間に合ったときに、自分の好きなもので美味しいと思うものを食べるのがいいのです。すると当然皆バラバラに食事をするということになります。

その理由は、食事のときに出る唾液と、喋るときに出る唾液とは、全く種類が違うからです。食べ物を噛むときに出る唾液は、噛んで壊すという働きをするマイナスの唾液で、喋るときに出る唾液はプラスの唾液です。なのに喋りながら食べたら、唾液はどうなるでしょう。唾液にしてみたら、喋るか食べるかどちらかにして欲しいという心境でしょうか。

昔、躾の厳しいご家庭では、食事は黙って食べなさいと言われました。その点では正しかったのです。

また、近年、健康志向から質にこだわる人が多くなってきましたが、質よりももっと大切なことは、自分に合ったもので美味しいと思うものを、腹半分食べるのがいいのです。その際、自分が美味しいからといって、他人に無理強いしてはなりません。食べさせられた人が異常になってしまいます。

するとと、今のように家族皆が同じものを、わいわい喋りながら、お腹一杯食べるというのとは、全く逆になります。

では、改めてこれからの理想的な食事の在り方を書いてみましょう。

食事は自分に合った時間に、自分に合ったもので、好きで美味しいと感じたものを腹半分、一人でいただきます。従って、食事は自分で用意するしかありません。

もうこのような食事の仕方をしているご家庭が結構あるようですが、今迄の古い価値観、常識で他人が非難しているのを、テレビで見たことがあります。「家族バラバラで、子どもに用意をさせて、一人で食べていて可哀想」というわけです。

しかし、私はそのテレビを見ながら、その「個食」こそ、時代の先取りをしているのだと、嬉しく思いました。

なぜなら、このご家族は、たとえ家庭の事情からであろうと、結果的に自然と共に生きているから、アンテナを張っているから、時代の変化を先取りすることができるのです。ですから、他人が何と言ったとしてもそのまま歩んでほしいと願うばかりです。これが宇宙のルールなのですから……。

食についてもう少し詳しく書こうと思います。この転換期の食事の注意点です。今自分が好きなものは、実は自分ではなく、自分の内部に入っている祖の人が好きなものであり、栄養分は自分の内にいる人に摂られてしまいます。

自分が美味しいと感じるものは、自分が必要なものであり、自分自身が食べているので栄養も摂れますから、こだわらずに何でも食べて大丈夫です。

ところで、食事は何のためにするのでしょうか。もちろん、生命維持は言う迄もありません。食事は肉体（體）に影響を与え→最終的に経済（恵財）すなわち、働き口、物質やお金の流れに影響を及ぼすのです。

1朝食　経済と対人と運流に影響を及ぼしますので大切です。先に述べたように空腸の中に入っている預貯金のエネルギーが外に放出されるには、朝食が必要になりますから、起きて立ち上がったら三〇分以内に食べ始めるのが良いでしょう。

腹半分です。後の半分は冊さん（自分の分身）がお金を入れてくれるからです。満腹では入りません。

朝食を抜くと、事故に巻き込まれやすくなります。

2昼食　樂しく生きるために必要です。

空腹のときにのみ摂ってください。

食べるときは、腹半分です。

3夕食　肉體形成（造る）に必要です。

夜六時迄に済ませること。夜六時以後は、自分ではなく、内の人が食べて（栄養を全部摂られて）しまうからです。

祖の時代は夕食を一番豪華にしましたが、これからは、朝を一番豪華にして、夕食は質素にします。

従って、旅行時の旅館やホテルで出される豪華な夕食には、注意が必要です。全部食べなければ損と慾を出して満杯迄食べると、狂ってしまいます。

でも、夕食を抜かすと、事件や天災に巻き込まれやすくなります。

次に、食事において心がけることを書きます。
○今は栄養の摂り過ぎのようです。
○食材は丸ごと食べます。波導プラス一〇〇〜マイナス一〇〇迄が入っているからです。
○毎日違うものを食べます。体調は日々変化するからです。

○少し残しましょう。他の生命対の食べる分です。
○満腹にせず、なるべく腹半分位が良いようです。空けておかないとセンサーが働かず、要、不要が脳にしっかり伝わらず、選別できないからです。
○子どもは脳のセンサーが良いので、噛まなくても良いのです。逆にあまり固いものを噛むと脳が異常になるので、気を付けましょう。
　高齢者は脳のセンサーが鈍くなっていますので、よく噛むこと。噛んでいるうちに良し悪しの判断ができるからです。
○血液が脳に、何が不足しているか信号を送ります。脳は体内にある門扉をコントロールし、必要なものは門扉を開いて摂り込むように命令します。不要なものが来たら、入れないように閉じるというシステムになっています。そのため、慾深くて何でも慾しいと思っている脳の狂っている人は、門扉が開き放しになって、不要なものまで入れてしまいます。
○何を食べても良いというためには条件があります。脳が正常に働いていることです。しかし、今は世界中で正常な人は一人もいません。そこで、異常だから皆無難なもの、たとえば無農薬のものを食べたいのです。その結果、アトピーのお子さんが多くなったというのです。

なぜなら、祖の時代は、薬害は↓農薬で消し、農薬毒は↓食品添加物が消し↓それを薬毒で消す、いわゆる毒を持って毒を制すという循環が自然によって成されているからです。

ですから、農薬だけ取り除くと、この循環が断たれて異常になるということです。薬も農薬も食品添加物も自然が認めているから存在しているので、この循環を断っても害が出ないようにするには、自然がこの三つを同時に消すのではないでしょうか。

④自分の思い

思いは人生の方向性を決めます。たとえば、電機屋をやると決めます。

⑤考えること

考えは具体的に行動に移すことを決めます。たとえば、電機屋なら具体的に扱うものを決めます。

⑥話をすること

話をするとお互いに気を出すことになるので、自分に合うか合わないかを決めます。そして、呼吸でもわかります。吐く息は「私はこういう人間です」と相手に知らせる役割をし、吸う息で相手の人のことがわかるのです。お互いの気が行ったり来たりしながら、相手を確認し合うわけです。そして、お互いの気が合ったことを確認したら一緒に始めることになります。

⑦お金の使い方

お金を増やす方法は、使うこと。出すときは喜んで出します。するとお金が子どもを連れて帰ってくるそうです。

(イ)前払い＋↓増やしたかったらこの方法
(ロ)現金引き換え○↓出しただけ返ってくる
(ハ)後払い－↓出した金額より入る金額が少なくなる
　クレジットカードはこれ。だんだん時代の流れとともに、廃れていきます。
(ニ)使わない↓使わないと、自然は不要と判断して消される。

これが一番怖い。または、盗難や詐欺、自分で無くしたりと何らかの被害に遭います。

⑧行動すること

できるだけゆっくり行動します。

⑨不要なものを捨てること

要、不要を分離して、不要なものを整理します。

⑩他人との付き合い方

好きな人、自分に合う人、樂しい人、楽な人が良い。煩わしい人は避けます。損得勘定で付き合うのは止めます。

⑪商品、サービスの決め方

好きなもの、樂しいもの、楽なもの、便利なもの、安いものを選びます。

以上、今迄の常識と大分違って、これからは皆があり得ると思ったとき、その思いが集積されてそうなっていくのです。

(6)運を良くし、災難、災害に遭わない方法

①自分を大切にする。これを最優先する。具体的には自分に正直に生きること。
②何をするにも行動はゆっくりする。
③何事もスムーズに行くことだけを行う。
④他人に気を遣わない。
⑤嫌なものごとをしない。
⑥団体行動をしない。
⑦利益が上がることだけをする。利益が上がらないときは、自然が認めていない。借金や赤字を出しながらやっていると、災難に遭い易くなる。
⑧何があっても気楽に樂しく、慾を出さずに生きる。
⑨自然をよく視聞する。

たとえば、出掛ける前にカラスの啼き声が妙に気になるというときは、中止します。

それが①の自分を大切にすることを最優先する意味であり、約束をしているからと④

他人に気を遣わないことにも通じます。

もう一つ例を挙げますと、ペットが寝てばかりいるときは、自分もなるべく体を休めることです。

さらに、最近特に目にする光景ですが、犬の散歩で犬が嫌って這いつくばって動かずにいるのを、無理矢理リードを引っ張ったり、結局飼い主が抱きかかえたりして歩く姿をよく見掛けます。これは、犬は散歩するものという今迄の常識で動いているからです。動物は人間より変化を敏感に察知します。人間は無駄な知識、常識を一杯詰め込んでいるため、時代の変化を敏感にキャッチするセンサーを失ってしまいました。今は常識にこだわらず、自然の動物、植物、そしてペットや、景色、風景の変化をよく視聞して、よく観察し、自分の行動を変えていって欲しいと思います。

自然を見て樂しむと運が変わります。

(イ)動物→肉体が良くなる

(ロ)植物→好転反応が軽くなる

(ハ)山、海→精神が安定する

(ニ)池、湖→対人関係が良くなる
(ホ)川、河→経済、財運(流れが大きく急なほど良い)

人間社会はまだ祖ですので、車、ビル、会社、お金、人間の服装などに興味を持たないこと。道で人にすれ違ったとき、人、車、衣装などに全く興味がなく、動物に最初に目がいったら、人生うまくいくようになっています。

以上、簡単に箇条書きにしてきましたが、これらをすべてやらなければいけないということではありません。

あくまでも、今このような時代の変化が起きていますという道案内と、このようにすると今の転換期は平穏無事に過ごせるということです。知っているのと知らないでいるのとでは、大変な違いがあると思います。

あとは皆さんが、やるかやらないかはあくまで自由です。そして本当にそうなっていくかを、各人が検証していってください。先ほども述べましたが、これからは人の言うことを、信じて従う時代ではなく、自立の時代です。自分で判断し、自己責任で自立するようにしていっていただけたらと思います。

(7)世の中を無事に生きる方法

人間は自分に合わない人はすべて排除しようと攻撃します。自分の体内でも同じことが起きています。免疫異常です。これが世界レベルで起こったとき、違う国へ追いやられます。地球を追い出されたら、あの世逝きです。

こうして今迄、そして今もまだ、宗教的に皆ひとまとめにして悪として叩く。一カ所が悪くても、その地域全体が悪となり、一家で誰か一人が問題を起こすと、家族全員が悪とされます。

しかし、世の中に必要でなくなったら、自然が消し去ります。ですから、まだ存在するということは、まだ世の中に必要だから存在するのであり、自然は総合的に世の中のバランスをとっているのです。

世の中に存在するすべて全部が必要だから、意味があるから存在しているということを、もういちど認識してください。

そのうえで、自分と世の中とは全く関係ありません。他人に起こったこと、世の中に起こっていることはすべて映画と同じです。自分がその世の中や他人の出来事に直接関係したときだけ、自分が判断し対処すればいいのです。

今迄の祖の時代は、自分にできないことに興味を持っていました。たとえば、将来のこと、そして今述べた他人、国、世の中はもとより、天候、自然災害など、自分に関係なく勝手に起こり、心配しても仕方がない、どうにもならないものに興味を持ち、心配していました。

これからの皇の時代は、自分にできるものだけに興味を持つことです。そのとき、自分はどうすべきかだけを考えるのです。

第六章

自立に必要な自分の協力者

皇の時代の三種の神器

今迄の私たちは、祖のルールの三種の神器に基づいて、宗教の時代すなわち神仏を頼って生きてきました。困ったときの神頼みで、幾多の占いに依存し、それだけではなく、世の中にあるほとんどの職業はマイナス産業、不幸産業という、私たちが困ったとき、不幸にあったときに頼るものしか存在しません。つまり、祖の時代は、人々が自立できない、させない仕組になっていたのです。

しかし、皇の時代になると、地球はプラスの星になり、プラス産業、幸せ産業になり、不幸産業は姿を消します。

たとえば、今迄も今も盛んな占いでいえば、家相学、方位学、風水学、占星術、姓名学、四柱推命学、霊感占いなどすべてゼロパーセントになります。

では、皇の時代は何を頼りに生きるのでしょうか。

まず、皇の時代の生き方のルールである三種の神器について述べたいと思います。

皇の三種の神器　①本　②侖　③器

①本

自立するためのもの、プロ養成のための学習という意味です。何ごとも人に頼らず、自分で解決する。人に相談すると、相談した相手の途に入ることになります。自分には決まった自分の途がありますので、自分の途を歩むことによってのみ、幸せを把むことができるのです。

まず、自分の知らないことは、人に聞いてはなりません。なぜなら、自分が全く知らないことを聞くと、人が嘘を教えた場合でもわからないので、人に振り回されるロボットになり、判断ミスをしたり、騙されたりしてしまいます。

そうならないために、独学をし、ある程度わかったところで人に聞き、知識のすき間を埋める程度にするのがいいでしょう。あるいは、自分が知り尽くしたことを人に確認すると、最短距離を教えてもらえるので、騙されずチェックできます。つまり、これが真の「自立」です。

②侖《ロン》

宇宙のルール、法則、人生、グループの意。皇の時代の宇宙の法則に沿って生きるのが、まずは幸せの一歩です。

そして人生を大事にすることです。グループとは、これから波導の合った人同士しか付き合えません。趣味の世界、魂職も、遊びもすべてそうなります。小さなグループがたくさんできます。

③ 器《ウツワ》

器具、機械、器機のことで、知能ロボットのような天才器機を意味します。

今迄、人間がやっていた苛酷な労働やお金儲けは「器」に任せて、自分は魂職によって、好きなことだけを、樂しく、楽にやって、利益が出て、悠々自適な暮らしをする、という思想です。

人間が自由の幅を広げ、人間が幸せになるために、人間に代わって働いてくれる便利な道具で、自分が使います。

以上の皇の三種の神器が基本的思想で、宇宙のルールで決まっている皇の時代の「幸せの三原則」です。

他多と冊奴

皇の時代の生き方の根本的なことは「自立」です。

その自立を助けてくれるのが、私たち一人一人に、自分だけの目に見えない協力者がいるのです。「他多」と「冊奴」という方々です。

まず、皇の「他多」とは、魂を持った見えない先亡者（私たちより先に亡くなった方々〈最高四千億歳〉）で、私たちのナビゲーション役、羅針盤であり、私たちと一心同体です。そして、私たちの各部位の心と脳をコントロールしてくれています。

次に、冊奴とは、冊奴（先亡縁者＝神仏佛、禾者品）。冊＝体外情報収集と管理。無意識に見えたもの。対人縁、経済（恵財）担当。働きに必要。忠実に働いてくれます。一人につき九万〜二〇〇〇万体働いています。一本切れてもどこか動かなくなります。奴が思考すると、冊が見て回って自動的に持ってきてくれます。エネルギーなし。奴＝体内、精心、肉體の情報収集と管理。閃、思考、言動、行動、全身を動かす。意識してみたもの。働きに必要。忠実に働いてくれる。エネルギーなし。

一人九万〜二〇〇〇万体動いています。一本切れてもどこかが動かなくなります。思うということは、必ずそうなるということを意味します。語を発すると、周りの人が教えてくれます。

冊奴は対で同じことをやっています。自分の唯一の味方、自分のために存在しています。共に二四時間働いています。

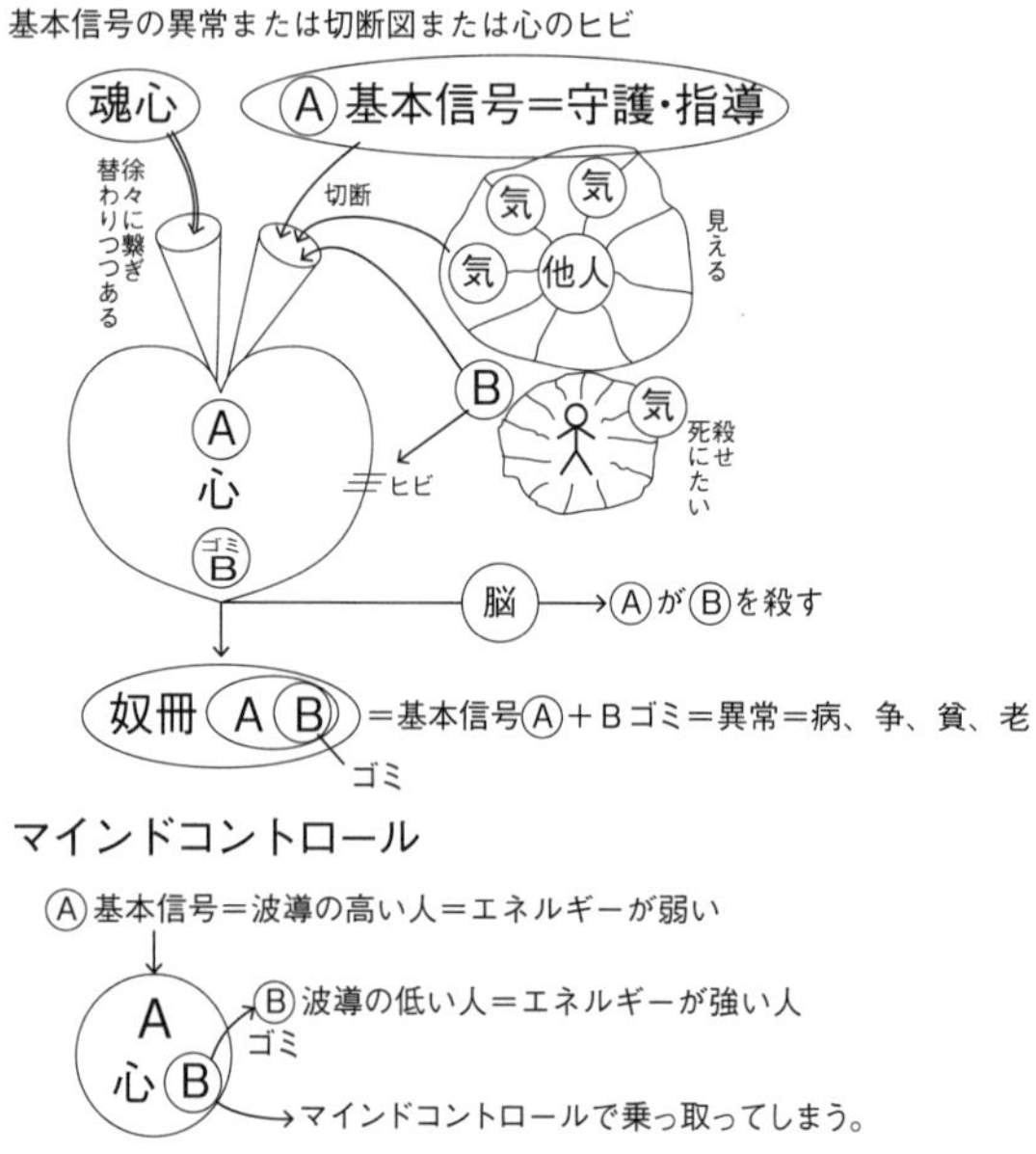

図22　基本信号と心

では、冊奴の種類と働きを表で見ていきましょう。

皇冊《オウサツ》（体外の調査と決定）

	名称	住所（肉心）	働き（選別、決定）	摘応
1	穏冊《オンサツ》	第三脳室	住所、国、県、市、町、村を探し、決定する	住所 場所
2	樂冊《ラクサツ》	左肺葉	友人、同居人を探し、決定する	
3	合冊《ゴウサツ》	中脳黒質	土地、家を選別し決定する	
4	愉冊《ユサツ》	上小脳脚	仕事、働き口、職場、仕事場、作業所、魂職	
5	由冊《ユウサツ》	中脳赤核	食料品、衣料品	生活
6	楽冊《ラクサツ》	大脳脚	食堂、レストラン	
7	誉冊《ヨサツ》	中脳上丘	旅館、ホテル、遊行先	
8	絡冊《ラクサツ》	中脳下丘	無縁の方々との縁、新しい方々との縁	
9	裕冊《ユウサツ》	小脳山腹	収入に関わるものごと、収入そのもの	物品 物質
10	欲冊《ヨクサツ》	胃 体	出費に係わるものごと、出費	
11	金冊《キンサツ》	空腸	テレビ、ラジオ、他人、電話等目、耳、鼻、皮膚からの情報	
12	物冊《ブッサツ》	下小脳脚	生活に必要な物品、製品、用品、安く買える	
13	品冊《ヒンサツ》	中小脳脚	動産に係わる	結菓
14	譽冊《ヨサツ》	右肺葉	不動産に係わる	

皇奴《オウド》（体内の調整、実行）

	名称	住所（肉脳）	働きと〈異常〉	適応
1	濆奴《フンド》	延脳（延髄）	リンパ液、神経、体液〈生命停止、植物人間、脳内出血、死亡〉	生
2	沖奴《チュウド》	心脳（心臓）	臓器、血球〈各種癌、消化状潰瘍、高血圧症〉	
3	沸奴《フツド》	肝脳（肝臓）	血液、臓器、皮膚、毛、血漿〈前立腺肥大症、子宮内膜症、低血圧症〉	
4	潗奴《シュウド》	膵脳（膵臓）	筋肉、肉(1)、脂肪、細胞、血管〈糖尿病、気管支喘息、骨粗しょう症、更年期障害〉	
5	滕奴《トウド》	大脳	リンパ液、神経、体液、脳脊髄液〈脳梗塞〉	造
6	湧奴《ワクド》	小脳	臓器、血球、血液〈元気、体力の低下〉	
7	象奴《ショウド》	脾脳（脾脳）	血液、臓器〈前立腺肥大症、子宮筋腫、肥満症〉	
8	語奴《ゴド》	甲脳（甲状腺）	筋肉、肉、脂肪、血管〈言語障害〉	
9	古奴《コド》	視脳（視床）	思、リンパ液、体液〈心臓病、関節リウマチ＝溶ける〉	動
10	固奴《コド》	腎脳（腎臓）	考、臓器、血球、血液〈関節リウマチ＝固まる〉	
11	互奴《ゴド》	膵脳（膵臓）	血液、臓器〈腰痛、聴覚障害、視覚障害、低血糖症〉	
12	戸奴《トド》	床脳（視床下部）	筋肉、肉、臓器、血管〈筋無力症、高血圧症〉	
13	分奴《フンド》	垂脳（下垂体）	排出（すべての不要物の排出）〈花粉症〉	働
14	去奴《キャクド》	扁脳（扁桃体）	睡眠、食事〈鼻炎、アトピー性皮膚炎、精心病〉	

(1)肉＝体内に入っている祖の共生生命対

この卌奴の方々の言うことをよく聞くこと。自分が好き嫌いで行動すると、それはイコール卌奴の思考ですので、他人の言うことより卌奴の好き嫌いの思考を最優先し、教えてくれた通りに自分が動くと、一生懸命働いてくれています。自分の卌奴を信じて生きる人だけが幸せになれます。他人に相談したり、マスコミ情報を信じて従ったりすると、卌奴は働かず放り出されて生きられなくなります。

卌奴の思考は環境適合のためにあります。時代が変わると、思考が変わります。良い悪いは関係ありません。今迄の地球はマイナスの星なので、幸せになる方法はマイナスの思考をすること。なぜなら、マイナスの思考しか存在しないからです。

たとえば「早寝早起きは三文の得」「働かざるもの食うべからず」「運動しなければだめ」という基本信号を送る先祖が残っています。

今の転換期は、祖の基本信号で動く人は祖の卌奴が働き、すでに基本信号が自分の魂心に切り替わって動いている人は、皇の卌奴が働いていて、両者が混在しています。そのために、何をやるにも誰が何を言おうと、自分の卌奴を信じることが大切です。卌奴は本当のことしか言わない。卌奴は自分が雇っている優秀な秘書であり、しかも只で働いてくれるのです。

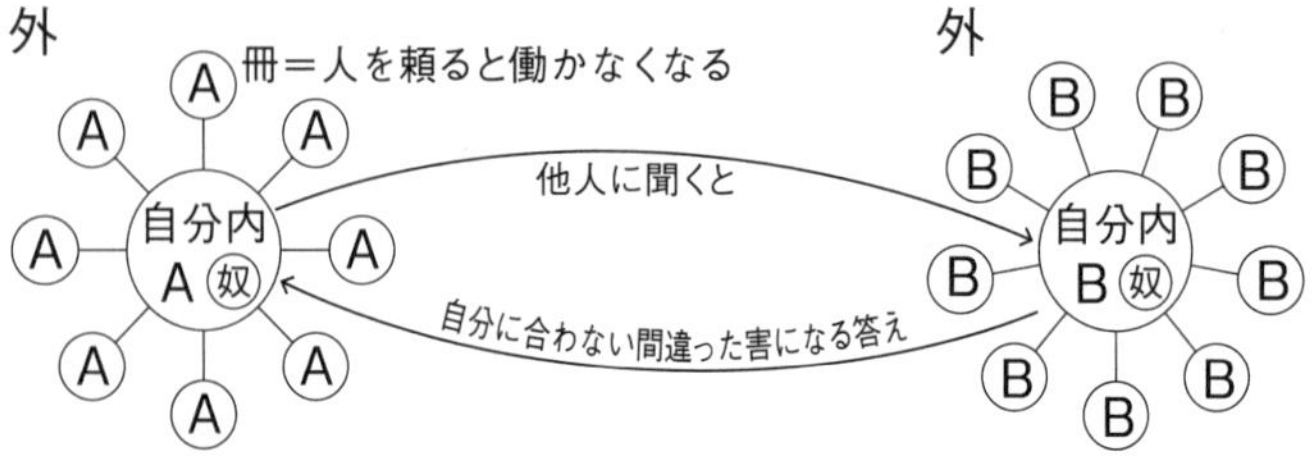

図23　皇の冊奴の思考

なお、たとえ基本信号が祖であっても、環境は皇に変化していますので、皇の思考をすることが重要になってきます。

では、皇の冊奴の思考とは、どういうことでしょうか。

1好きなことをやる＝心。嫌いなことをやると、精心異常、対人異常。

2樂しいことだけやる＝脳。樂しくないことをすると、思考、体調、精心、恵財の異常をきたす。

3楽なことだけする＝肉體。苦しいことをすると、肉體、寿命に異常をきたす。

4利益のあることだけする＝自然が認めたときのみ。すべてがうまくスムーズにいっているときは、必ず利益が上がるようになっている。

利益が上がらないのは自然が認めていない証拠なので、損が出たらすぐやめること。なお、利益とは物質的利益と精心的利益がある。物質的利益とは、自分が思っていた以上に金銭的利益が出ること。精心的利益とは、自分が思っている以上に相手から喜ばれたこと。土産付きで送り出されたこと。相手に喜ばれないことはしてはならない。

5ゆっくり、のんびり行動すること。

6運動はなるべく控える。

7仕事を控えること。

8約束は守らなくて良い。

9他人のおせっかいはだめ、人に興味を持たない。

10損得の数理で生きない。

11目的に向かって突進しないこと。

冊奴が正常に働いていれば、目覚まし時計をかけずに冊奴に任せるときちんと起こしてくれます。約束を忘れていても、時間になるとちゃんと気付かせてくれます。

相手から連絡が入ったり、自分がふっと思い出したりと、自分の目の前に現れる人は、自分の冊奴の領域で決まってしまいます。相手が偉いとか偉くないとかは関係ありません。自分にゴミが付着すると、ゴミの気で悪いものを探してきます（図26）。

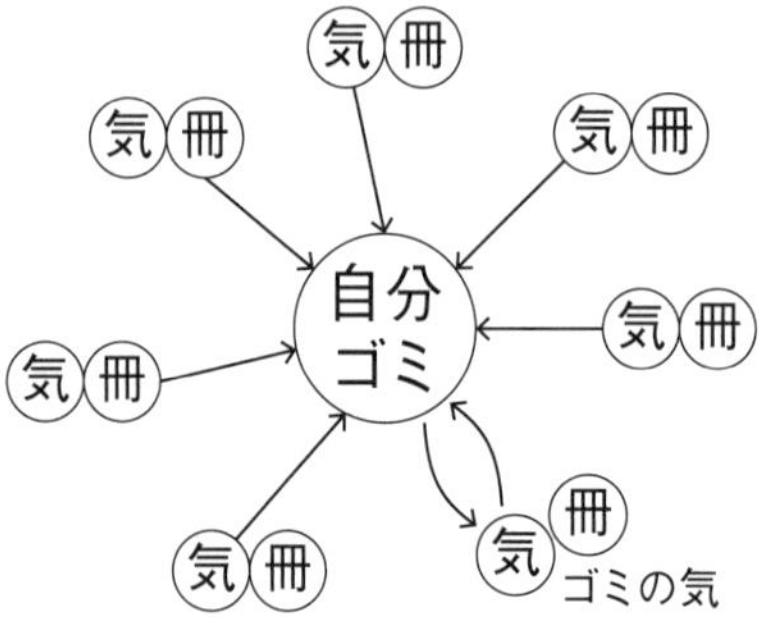

図24　ゴミの気

冊奴が正常に働いているかどうかチェックする方法があります。自分が知っていることを聞くことです。たとえば自分の家から駅に行く道で、一番近道を自分は知っています。それを人に聞いてみます。このとき自分が正常なら、他人に一番近道を教えてもらえます。つまり、本当のことを教えてもらえるのです。自分が異常だと嘘ばかり教わり、他人に振り回されます。

冊奴は共に媒体に乗って移動します。

媒体は物質で、ある所から、ある所へ言われた通り運搬するトラックの役割をします。

積むものは心から出た↓信号である。

媒体の種類

霊↓心に届けるトラック

気↓心に届けるトラック

電↓脳に届けるトラック

磁→臓器に届けるトラック

業、行、望とは

業、行、望は体内の結果の中の結果、すなわち転生（轉勢）、日々の自分の思考、行動の結果のことです。自分そのものを動かすソフトウェアの元。

蛋白質構造の形が変わり→質が変わり→波導が変わり→人生が決まります。思考の質が変わると、性格、性質すべて変わります。その人の固有波導は蛋白質で決まります。人間は全身が蛋白質でできていますので、蛋白質が変わると、人間の根底から変わります。

祖の蛋白質形を仮に三角形Ⓐが入るとすると、Ⓐ光速毎秒三〇万㎞の速さで、自然から流れてくるエネルギーが、三角形の表面の皮に当たるとⒶという波導ができます。皇の蛋白質形は、仮にⒷ形に変わるとするとⒷという波導に変わります。

ちなみに、蛋白質は形、脂質は働く質、糖はエネルギー供給、ミネラル、ビタミンは物質の接着剤の役割を果たしています。

業行望、祖から皇への変化（冊奴の働き）

原因	業	業（閃、思、考）の変化は肉體組織形成に必要です。心によって起こっています。（寝る住居の）土地エネルギーが影響します。
自分	行	行（行動）の変化は、対人関係に必要です。脳によって起こっています。（寝るときの）家エネルギーが影響を及ぼします。 付き合って良い人は、ゆっくり歩く人。車は法定速度を守っている人か、それ以下で走っている人。約束は破って良いです。たとえば待ち合わせ。○○会場で○月○日セミナーをやると約束していても、講師が来なかったとします。そのとき聴衆者が一人も行かないのが正常ですが、行った人の中で怒った人は呆けている人なので、付き合いがなくなります。
結果	望	望の変化は経済（恵財）活動に必要です。臓（器）によって起こっています。（寝るときの）思考が影響を及ぼす。五分で眠れたら完璧です。 祖の時代の経済活動は、命よりお金が大事。たとえば、満員電車に詰め込まれて会社へ行く。あるいは熱が出ていても注射や点滴を打ったり、薬を飲んで会社へ行くという行為などのことです。

望まで来てしまったらもう戻れない。苦しんで苦しんでゼロにするしかない。つまり、諦めること、それが最後で祖の望を断つ方法です。諦めることによって早くUターンができます。これ以上悪いことをインプットすると、ムの領域に入り込んでしまうので、その前にUターンするしかありません。

こうして祖の望を断ち切ることによって、ここから初めて皇の望が芽を出します。

良い種の蒔き方は、昨日の歩みによって↓今日に結果が出て、今日の歩みによって↓明日結果が出ます。その結果がたとえボロボロであっても、済んだことは気にせず「良かった」「樂しい」「幸せ」と良いことばを発して寝ると、すべて清算できます。今「樂しかった」「良かった」「幸せ」と今、今、今の連続で、今日↓明日↓明後日と永遠に良い結果が続きます。

祖は「良いことば」によって変えられます。皇は「良い思い」で変えられます。

第七章

私たちは何のために生まれてくるのか

人生の目的

私たちは何のために生まれてくるのか。

私たちが生まれてくるのには、何か目的があるはずです。

その理由の一つは、今迄の生まれ変わりのなかで、やり残した学習をするためです。

もう一つは、自分にしかできない役割を果すためです。さらにもう一つは、靈的進可をするためです。

その役割とは、各人の魂心《コンシン》の自己プログラミングの中に書き込まれている職業、つまり魂職を活かして人生を樂しむことで、その結果として、世のため人のためになって使命を果たすことです。

これからの皇の時代には、私たちの人生のなかでもっとも大切なものは、この魂心の中に入っている自己プログラム「己彔」になります。私たちはこの己彔の通りに、これからの人生を歩むことになります。

では、皇の時代の人生に大切な順位を書きましょう。

1　魂心の己彔（自己プログラム）
2　自然の因果
3　先亡縁者（最高齢四〇〇〇億歳）の協力

1　魂心の己彔(自己プログラム)

まず因果律とその修正法について説明しましょう。

プログラム（因果律）[1]とは、すべての出来事には原因と結果がある……という、いわゆる「因果の法則」[2]と呼ばれる宇宙の仕組みのことです。つまり自分が蒔いた種（原因）から出た実（結果）は、自己責任ですよということに尽きます。

ただし、因果関係のわかりにくいところは、すぐに結果が出る場合は別ですが、忘れた頃に現れた場合は「何で？」と意味がわからないことが多いため、同じ結果を繰り返すことになります。それは、プログラムの一周の長さに関係します。プログラムの一周の長さは、最長二〇〇〇年～最短〇・二四秒です。

(1)「因果律」詳細は後ほど。
(2)「因果の法則」詳細は後ほど。

では、プログラムの仕組みはどうなっているのか、見ていきましょう。

プログラムは、ちょうどCDのような記録のできる円盤状の土台（ソフトのハード）があって、クルクル回転しています。そこに日々自分が思い考え感じたことや行動するたびに、その内容の情報（ソフトのソフト）を記録（録音）しています。その記録された情報は、プログラムが一周すると出力され、それが自分の身に起きる出来事になります。

この出力時が重要な鍵を握ります。なぜなら、出力された時点で、その内容の情報が消去されるので、たとえば良くないことが起きても、「ああ、これで消えた」と思っていれば消去されますし、同時にそのとき「ああ良かった」と新たに良い情報に書き換えて、入力できるチャンスが得られるからです。

ところが、そのとき「大変なことになった」と悔やんで悩んだり、人のせいにして

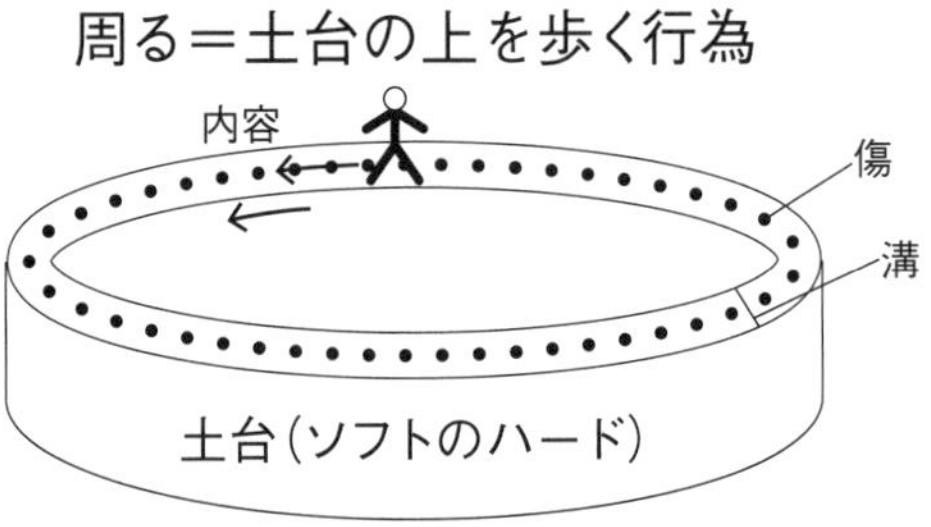

図25　プログラムの仕組み

腹を立てたりしていると、プログラムが一周するたびに、苦、苦を刻み、どんどんプログラムの傷が深くなり、プログラム自体が切れ、ついに止まって、あの世に逝くことになります。プログラムの傷は、内容異常で起こります。

しかし、苦を刻み過ぎてどん底まで来てしまったとしても、諦めることはありません。こうなったら、もう開き直ってギブアップし何も考えず気楽していると、不思議と人生上向くものです。

プログラムの一周の長さがまちまちであり、私たちは日々延々と出力、入力を繰り返しているため、いつも何かが起こっています。そのたびに「ああでもない」「こうでもない」と反応しています。

プログラムが一周して出力時、内容に楽と記録しておけば楽なことが起こるし、苦と記録しておけば苦しいことが起きる仕組みになっています。

今迄プログラムは自分ではどうにもならないものと思っていましたが、自分の思考でどうにもできるものだということがわかれば、もうこっちのもの、怖いことなど何もありません。

出力された内容が何であれ、「良かった」「樂しい」「幸せ」と肯定的なことばを発して記録しておけば、いつも良いことしか起こらないのだから、コツを一度把んでしまえば、こんな楽なことはありません。これを利用しない手はありません。「働かくても食べられる」と本当に信じて書き込んでおけば、本当にその通りになります。宇宙の真理ではそうなっているのです。

なお、今迄の祖の時代から今の転換期迄は、ことばで記録しますが、これからの皇の時代には、思うだけで実現するようになります。

自己プログラムの周期はいろいろありますが、一日、九日、二四日、一ヵ月、一年、九年続けると、人生コロッと変わります。

プログラムは肯定的な内容を記録するほど、土台に厚みを増し、豊かな人生を歩めるのだから、ワクワクしてきます。

プログラムの傷は、内容（ソフトのソフト）の異常で起こります。

一方、プログラムの溝は、土台（ソフトのハード）の異常で起こります。この異常は飛び出したり、へこんだりします。症状としては、自由、不自由で現れます。物質的、精心的、時間的無理をして周ったとき、大きな溝になり、行きたくても時間的不自由が生じ、行くことができなくなります。この場合は苦楽の内容には関係ありません。溝の修正方法は、何事もゆっくり、のんびりすることに尽きます。

録（自己）プログラム因果の法則

次は因果の法則について説明しましょう。

「因果の法則」は、大切なのでもう少し書いておきます。どんなことにも原因があって、結果が出るという宇宙の法則です。

私たちは、日々何かするたびに「良かった」「悪かった」「こんな目に遭ったのはあの人のせい」「世の中が悪いからこんなことになった」と、自分の望まない結果が起こると誰かのせいにしないといられません。

しかし、「因果の法則」によれば、どんな結果であれ、自分が蒔いた種なのです。他人が蒔いた種が、自分に結果をもたらすことなどあり得ません。自分が蒔いた種が良いか、悪いか、良い種を蒔けば良い種が生り、すなわち良い結果が出ます。もしも、自分が悪い種を蒔けば、自分の望まぬ芽が出ますが、この時点で気付けば、刈り取ることができます。ここで気付かなければ、自分の望まない花が咲き、自分の望まない実が生ります。「こんなはずではなかった」ということの実が、結果です。ここまで来てしまったら、もう手遅れです。しかし、たとえ悪い実が生って結果が悪くても、この実はやがて枯れて消滅します。肝心なのは、ここからです。

この結果に対して、自分がそれをどのように受け止めるかで、大きな違いが出てきます。「あの人のせいで、えらい目に遭った」と思ったとき、それはすでに次の種を蒔いたことになります。するといつ迄経っても、この悪循環から抜け出すことはできません。

自分の蒔いた種は、自分で刈り取るしかありません。これが「自己責任」です。では、どうしたら良い種を蒔き、悪循環を断ち切ることができるでしょうか。

良い種の蒔き方＝プログラムの修正法＝人生うまくいく法。祖の良い種の蒔き方は、「語話」肯定語です。プラスの良いことばは幸、マイナスの悪いことばは不幸をもたらします。花に水をやるとき「きれいネ！」と言うと花も自分で元気になります。皇の良い種の蒔き方は「良い思い」をするだけです。あとは働かなくても、考えなくても、行動しなくても、ただ寝ているだけでよくなります。

つまり、どんな結果が出ても、すべてを全部自分に必要なことだと思って「良かった」と、祖の時代はことばに出して言うだけで、皇の時代は思うだけで良いのです。

他のプログラムの修正法もあります。

祖の人間社会の中の車やビル、会社、お金、ブランド品、人などに興味を持たないこと。道ですれ違ったとき、相手の人、車、ファッションなどに全く興味がなく、動物に一番初めに目がいったら、人生すべてうまくいきます。

また、大自然の海、山、川、池、湖、樹木、草花、動物などと付き合い、見て楽しむと放っておいても運がよくなります。

1動物＝肉體的に良くなる＝元気。

2植物＝肉體（肉体）的に良くなる。植物や草花を大事にすると免検（好転反応）が減る。

3山、海＝精心（精神）が安定する。

4池、湖＝対人関係が良くなる。

5河、川＝恵財（経済）的に良くなる。なるべ

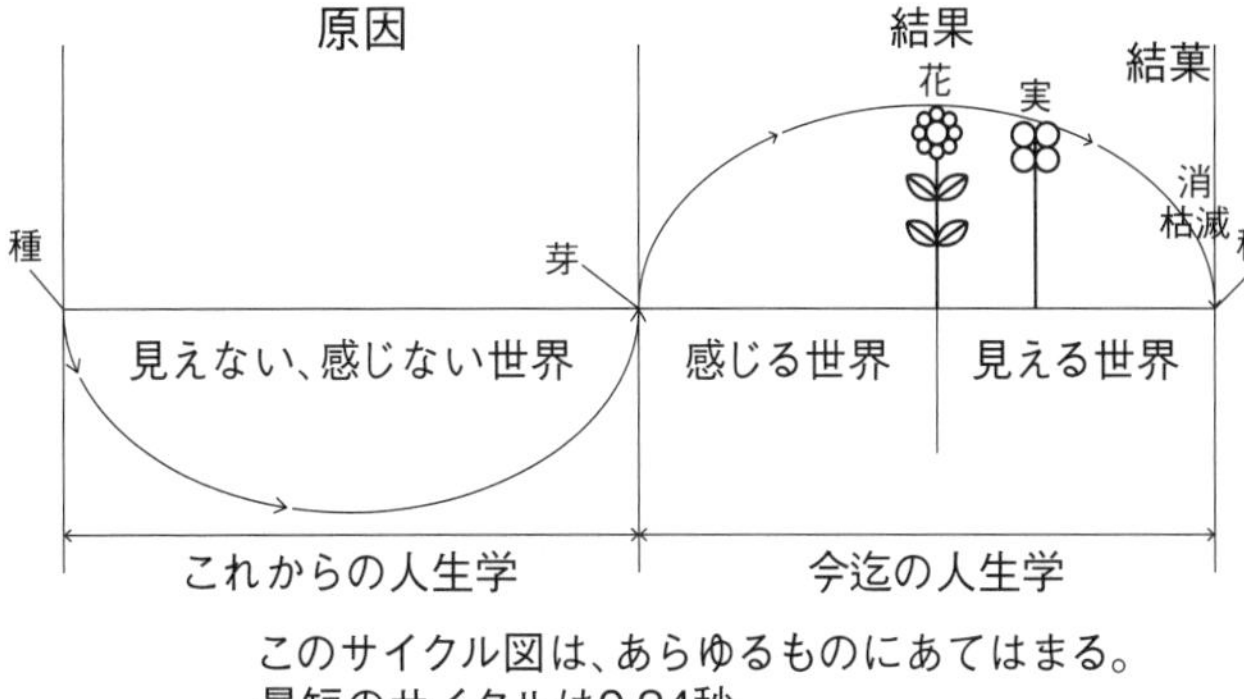

このサイクル図は、あらゆるものにあてはまる。
最短のサイクルは0.24秒
最長のサイクルは寿命の200年

図26　サイクルの図

く流れの勢いの強い所が良い。

ところで、私たちはよく「良い人」「悪い人」と表現します。これは世の中のルールでの「良い、悪い」であり、自分に都合の良い人が良い人、自分に都合の悪い人を悪いF人に仕立てているだけです。

一方、「幸、不幸」という表現があります。「幸、不幸」は、宇宙のルールです（図27）。

祖の時代は、世の中のルールと宇宙のルールは一致しなかったのでややこやしくなっていました。

これからの皇の時代は、一致します。

自然のルールには、縄《タダ》しい、縄しくない、幸、不幸があります。自然のルールに則った生き方をしている人は、縄しい人＝幸せな人。自然のルールからズレた生き方をしている人は、縄しくない人＝不幸な人、とはっきり分かれます。

今迄の祖の時代

世の中のルール　宇宙のルール

良い人　↓幸
良い人　↓不幸
悪い人　↓幸
悪い人　↓不幸

これからの皇の時代

自然のルール（宇宙のルール）

縄しい人　↓幸
縄しくない人↓不幸

図27　世の中のルールと宇宙のルール

2 自然の因果

これも自分では一切触れることはできません。祖人は時代とともに地上から消えます。代わって、皇の時代は皇人と秸人のみになります。

3 先亡縁者の協力（冊奴、他多など）

私たちが触れるのはここだけです。
今迄の祖の先祖などとは違って、私たちをコントロールや導く行為は一切しません。けれど、この方々の協力なしでは生きられないのです。ですから、どれだけ好かれるかがとても大事になります。

では、皇の先亡縁者に好かれる方法を書きましょう。
まず、喜んで協力して貰うには、大人になることです。
具体的に大切な順位から書きます。

1思　樂しいことのみ思う

2考　樂しいことのみ考える
3語話　他人が聞いて樂しくて喜ぶ話をする
4睡眠　絶対長時間。短くて8時間から長くて10時間
5食事　腹半分。運がどんどん上がっていく
6呼吸　できるだけ少な目にゆっくり吸う。長寿のため
7貯金　運を上げるためできるだけ多くする
　ただし、一旦入れたら絶対に永久に出さないつもりでやる→銀行がなくなり→国に入って→最後ゼロになる。
　ちなみに、貯金の出入は人生にほとんど影響がない
8好きな人とだけ付き合う。損得関係なし
9嫌なものは周囲に置かない（人も入れたいが、夫婦があるので当分無理。だんだん別居。同居すると病気になる）
10物を大切にすること
11買い物の支払いはすべて前払い。送金しても品物が来ないことがある。今は詐欺罪だが、これからは不要なものは来ない。

12行動　楽なことを樂しむためにやる。家にいたければそれが良い。
＊祖と皇の最大の違い。祖は働く。皇は遊ぶ、樂しむ。宇宙には働く、勉強するはない。遊ぶ、樂しむしかない。

次に皇の先亡縁者が嫌う、絶対にやってはいけないことを書きましょう。
以下のことをやると、結果は瞬時に来ます。猶予期間はありません。運が急降下しますので、注意してください。
1争思　人を裁くこと。人間は善悪半分ずつ持つ。善人が来たら善を出し、悪人が来たら悪を出す……というのは、今迄の弱肉強食の時代に必要であって、皇の時代は善の袋しかない。
2説教　説得　教育
3他人を束縛する
4寝ないで働く
5腹一杯食べる。一杯食べると空気も一杯吸う
6食べるために働かない

7借金をしない

以上、先亡縁者に嫌われることはなるべくしないように気を付けて、好かれることを楽しんでやっていれば人生うまくのですから、やらない手はないと思います。

人間に課せられた代表的なルールとは

宇宙のルールはたくさんあるのですが、人間に課せられたルールの代表的なものが、三つあります。

①絶対的自由
②共生
③進可（進化）

①絶対的自由

96頁を参照してください。

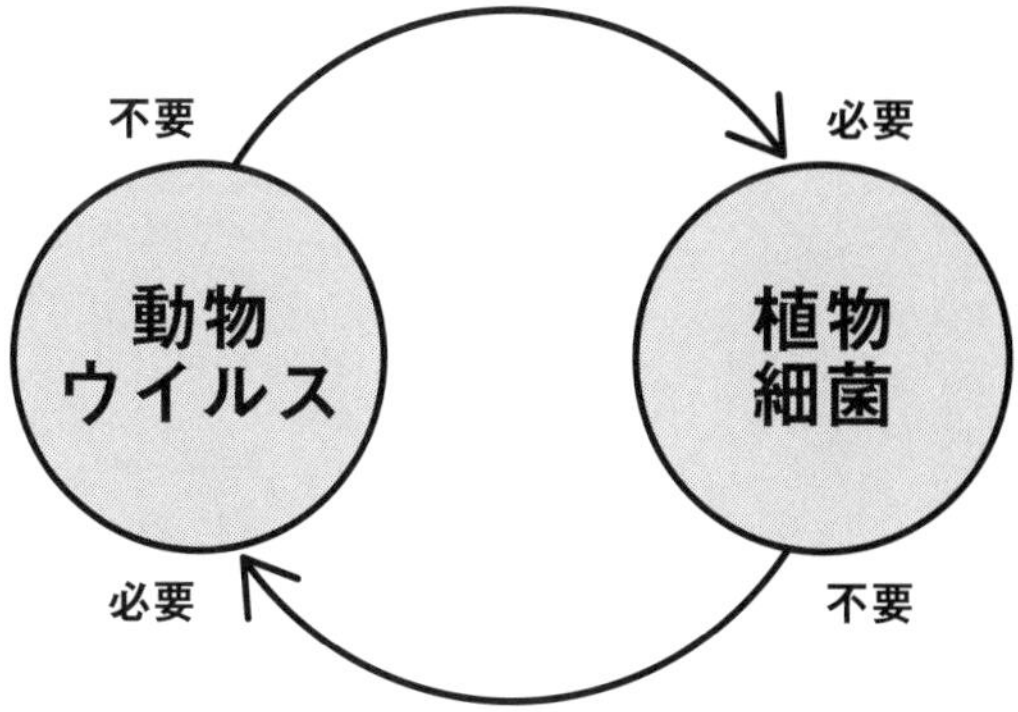

図28　共生

②共生

最近、共生ということばを耳にするようになってきました。これも時代変化をキャッチする人が出てきた証ではないでしょうか。

共生とは皆さんがご存じの通り、植物が不要になった酸素を排出し、花を咲かせ、実を生らし、これを動物がいただき、動物が不要な炭酸ガスと糞尿を植物が必要とすることによって、共生が成立しています。

このように、自然は見事な循環システムを構築してくれています。

自分に不要なものを出し、必要なものを受け取るという、自分と環境との間のエネルギーのやり取りすべてのことを、本来の「商い」といいます。つまり、商いとは循環システムですから、一カ所でも滞ったらおかしくなってしまいます。ところが、一部の欲深い人間が買い占めるということは、今迄日常茶飯事でした。するとたちまち循環システムは異常を起こし、共生、共存などあり得ません。この商いの循環システムは、体内でも同様のことがいえます。

それでも今迄の祖の時代のルールが、嘘、ごまかしでしたから許されてきました。しかし、これからの皇の時代は、自然のルール、宇宙のルールがきっちり働き始めましたので、買い占めなど宇宙のルールに反する行為は、自然から罰せられることになるでしょう。

③進可(化)

人間は何のために生まれてくるのでしょう。人生の最終目的は、「進可」することです。

では、進可は何のためにするのでしょうか。

それは、人間個人個人が「倫幸」という幸せを得ることによって進可し、宇宙内のエネルギー量を増加させ、宇宙全体が進可していくという構造になっているからです。

人間が進可するとは、具体的にどういうことなのでしょう。

人間が進可すると、エネルギー増加とともに、自由枠が広がり、大きくなります。私たちは誰しも不自由より自由の方がいいに決まっています。それは、宇宙のルールだからです。進可し、自由枠が広がり、大きくなると、人間から神様になっていきます。

宇宙のルールで唯一上下関係があるのが、この進可です。

進可にはどういう種類があるのか、その種類について述べてみたいと思います。

進可の種類には、四種類あります。

①魂的進可（タテ軸）

生命の期間的進可、魂の己彔の寿命の進可のことです。

私たちはウイルスから動物を経て人間になるまでに、長い間輪廻転勢[1]（輪廻転生）を繰り返してきました。

その輪廻轉勢の全己彔が、魂に刻まれています。

その己彔の長いほど自動的に進可していって、自由枠が大きく広がることを意味します。

(1) 輪廻轉勢は皇、輪廻転生は祖で使うまた、この期間が長く進可が進むほど、この地上での寿命は長くなり、皇の時代の魂の己录に刻まれている最長寿命は、二〇〇歳です。祖の時代の最長寿命は一二五歳に決められていました。

ただし、祖の時代の現実の死は、寿命より早く迎えています。

この魂的進可は、宇宙全体をモノサシにしています。

人間が進可を続けて十三億年以上になると、目に見えないことにも、関心を持つようになります。さらに十八億年以上になると、目に見えないことにしか、関心がなくなります。

そして、十八億年経過すると、一番下の示へんの神になります。

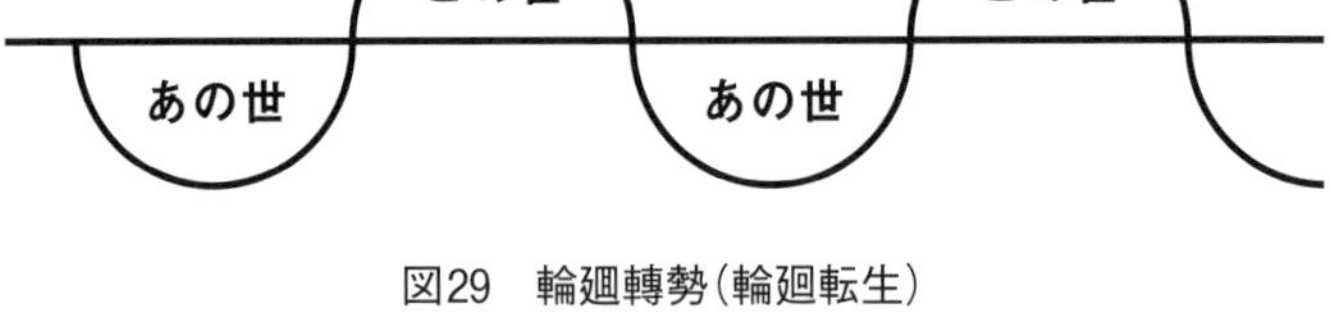

図29　輪廻轉勢（輪廻転生）

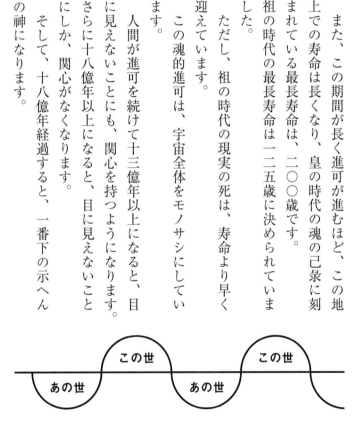

2 靈的進可（ヨコ軸）

私たちの思考、行動、行為による進可とはすなわち「坐位」のことです。宇宙に対して自分がどの位置にあるか。「坐」とは波導（周波数）の高低。「位」とは進可度の高低です。今世に生まれた目的はこの靈的進可を求めることにあります。

思考、行動の快楽による進可。

日常私たちが進化といっているのは、この進可のことです。

私たちが今世に生まれてきた目的は、皆この靈的進可を求めて生まれてきています。

特にこれからの皇の時代は、この靈的進可が成長する時代なのです。そのために、これから私たちの日常の思考、行動、行為というものが、とても大事になります。

思考、行動、行為をやった結果、樂しいか苦しいかで決まります。では、ここでどのようなときに進可し、退可するのかを、具体的に書いておきます。

3 象《シヨウ》的進可

霊的進可

①自分が樂しく—他人も樂しい↓進可する

②自分が樂しく—他人が普通↓進可する

③自分が樂しく—他人が苦↓進可が停止

④自分が普通—他人が樂しい↓進可する

⑤自分が普通—他人が普通↓進可停止

⑥自分が普通—他人が苦↓進可停止

⑦自分が苦—他人が樂しい↓進可停止

⑧自分が苦—他人が普通↓退可

⑨自分が苦—他人が苦↓退可

霊的進可で特に強調しておきたいことは、単純な方が進可し、複雑なほど退可するということです。

形的進可、環境的進可です。

体の大きさの進可、環境的進可。

③、④共に、遺伝子による環境的進可のことで、目的とする霊的進可を達成するために、どのような姿形をするのか、そうした環境適合するための進可は、ウイルスと細菌の力を借りるのです。

今迄の祖の時代の神や神をされている方々は、恐竜などの動物が多かったのです。この方々は霊的に神、神ですが、象（形）としては、環境に応じて動物の象をしているのです。

同じように、鬼鬼《オニオニ》や魔靡《ママ》という方々も、霊的に神、神ですが、環境に合わせた姿形をしています。

④量的進可

ここでは「①魂的進可」の進可度について具体的に見てみましょう。進可度は0～20までであり、数が少ないほど進可度が高くなります。水星で発生した原生命対は0、ネへんの神は1～4、示へんの神は5～7、人間は8～13、動物14～19、ウイルス20となっています。人間はちょうど真中に位置しますので、人間といいます。

なお、植物には魂がありませんので、進可度というものはありません。

以上、私たちの人生の目的とは、お互いの「絶対的自由」を尊重し、お互いが「共生」し、お互いに樂しいことをして生きていることで、お互いに「進可」していくことなのです。

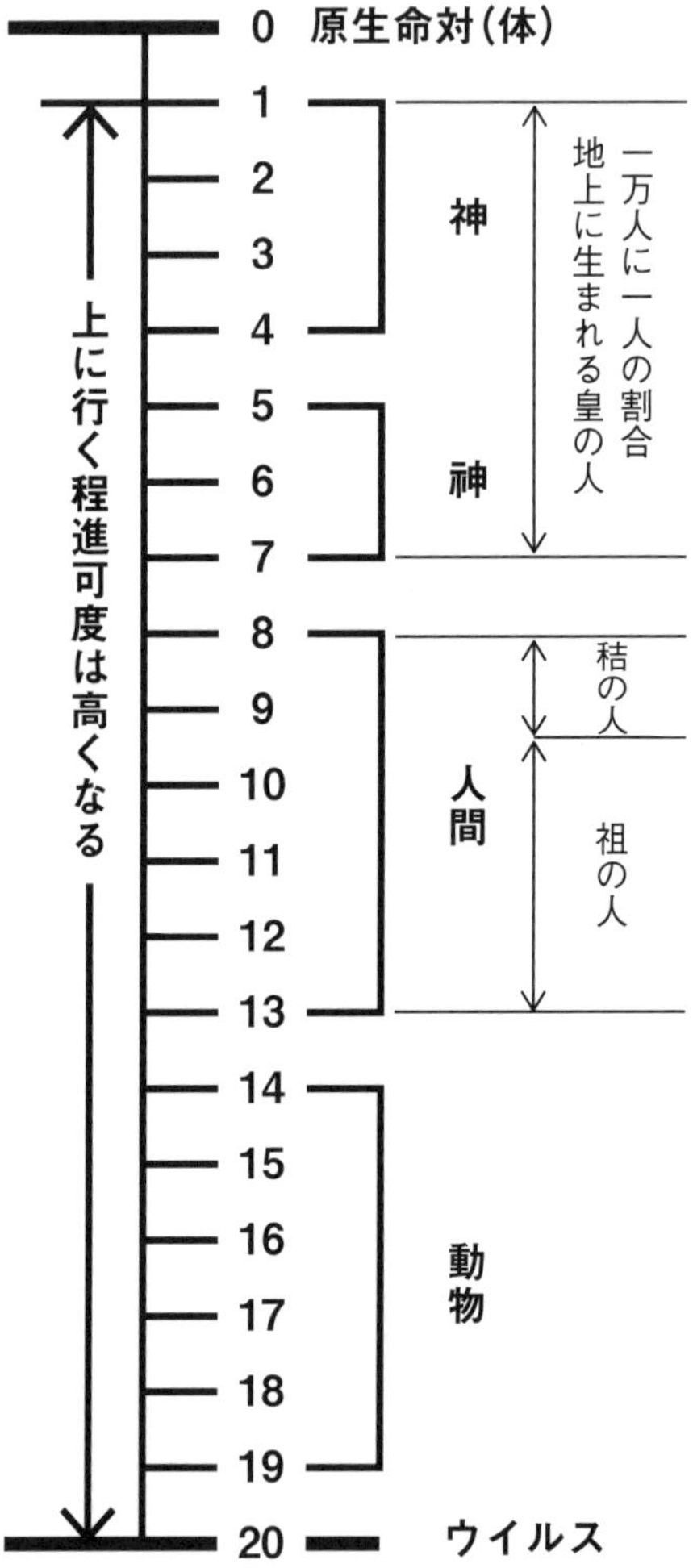

図30　進可度（魂的進可）

第八章

皇の時代の「魂職習育」

「魂職習育」とは

「魂職習育」（これは私の造語です）とは、魂職にひたすら磨きをかけることをいいます。

皇の時代は「全方向社会」です。自然界は八方で、中心に自分が存在し、どの方向に行くのも自由です。八方向も、それぞれの方向は無限に存在します。すべての子どもが、生まれたときの方向のままでいいのです。たとえば、幼児はいろいろな玩具の中から好きなものを選び、手に取って遊びます。そうしている間に、成長とともに自分の途を拓いていきます。子どものするがままに、そっと見てあげてほしいのです。親や周りの人々は、余計は手を加えないように……と願うばかりです。

国が負担してやる義務教育は消えます。そして、皇の時代は本来の学校に変わります。

本来の学校とは

ほとんど専門分野に分かれていきます。

本来、学校とは「遊ぶところ」です。ここでいう「遊び」はまさに、自分が好きで楽しいこと、すなわち、自分の得意な専門分野をさらに深く探求、研究することです。遊ぶことが一番身に付く方法です。皆さんも経験があると思いますが、社会に出て、自分の好きなやりたいことが見つかったとき、自分がやる気になったときの身に付く早さはもの凄いものがあります。あのときもっと勉強しておけば良かったと思うのですが、そうではありません。目的なくダラダラやる勉強は身に付きません。目的がはっきり見えたときが、そのときなのです。

学ぶ場所は今迄の学校や学習塾が、または会社が、専門学校に変わります。行く人は年齢も性別も全く関係ありません。行きたい人は誰でもいいのです。

指導する人は、今迄世の中でその途を極めた人が当たります。

各分野の様々な学校ができて、二四時間開いています。いつでも行きたいところに行くことができます。

たとえば、ロボット作りに興味のある人は、ロボット専門の学校へ行けばいいし、物理学を学びたかったら、その専門学校に行く。途中で変えたかったら、何回変えてもいいのです。

専門学校には入学試験とか卒業試験など、試験というものは一切ありません。そして、入学式、卒業式もありません。行きたい人はいつでも、どこでも、誰でも出入り

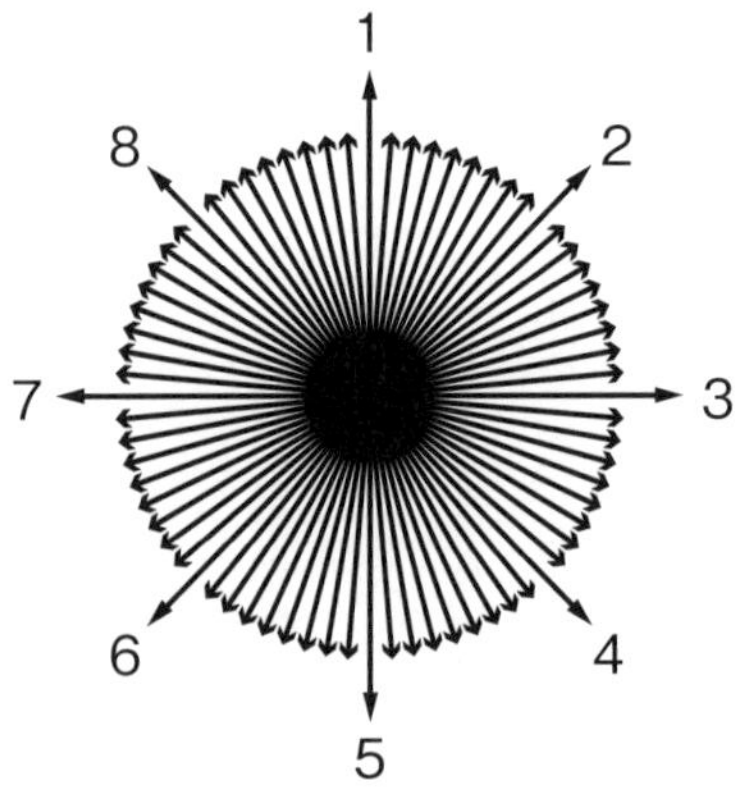

各々個人の方向性は
無限に存在する
自分だけの途で他人とは
決して重ならない

図31　自然界の八方

は自由です。

ちなみに、皇の時代は試験など競争すること、そして、一同に会する式というものもなくなります。従って、冠婚葬祭の式も消えていきます。もうその兆しは始まっています。

そうして何回か変えているうちに、必ず魂職に出合います。魂職が見つかったら、本当に樂しくて樂しくてたまらなくなり、寝食を忘れるくらいに打ち込めるものです。

魂職に出合うと、趣味を樂しみながら学び、実践で収入も得られることになります。自分の作品はインターネットに「こういうものを作りました。以下のところへ振り込んでください」と載せておくだけです。決して売り込みはしないこと。欲しい人は求めますから、利益は勝手に入ってきます。こうして五〇～六〇歳まで専門に究極を求めて生きていると、プロ中のプロになります。これが魂職習育です。

すると、その人が今度はその経験を生かして指導者になります。その指導者を「藝人」といいます。「藝」とは、芸能人のやっているような人前で踊ったり歌ったりするものではなく、自分の持って生まれた、人には真似のできない自分だけの魂職を磨きあげたプロフェッショナルのものであり、永久に使えるもののことをいいます。

私たちがこの世に生まれた意味は、一人一人がかけがえのない「使命」を果たすことです。そして、この「魂職」を活かすことが、まさしく使命なのです。

そのような皇の時代になると、もう、今迄の家柄や家系とか、学歴社会とか、一流大学出だからとか、小学生の塾通いとか、見栄でやる習いごととか、全く意味をなさなくなります。

今はまだ時代の変革期ですので、今迄の古い思想と、これからの時代の新しい思想が混在しています。どちらの方に傾くか、綱引きをしている状態です。

しかし、部分的には変化は起きています。たとえば、学校の通知表も、一番良いのが五だとすると、皆五にするとか、つまり、評価というものをなくしたいという現れです。本来、人間が人間を評価するなどということは、できないはずなのですから。

「ゆとり教育」が一時期、世界の学力テストで日本の学力低下の元凶として批判の対象にされていましたが、あの制度もこれからの時代の変化を教えてくれるものでした。将来の変化がわかると、批判や論争が何か空しい気持ちになると同時に、皆さんにこの変化をわかってもらえたら、このような不毛な議論は避けられるのではないかと、残念でなりません。

皇の時代はドラえもんの世界

さて、ここからは、ドラえもんの世界を想像するように読んでください。

世の中がさらに進むと専門学校はなくなり、テレビが二万チャンネル同時放送になり、自習、独学で十分いけるようになります。

さらに進むと、テレビのチャンネルもなくなり、自分がテレビの前に行くと、自分が発している気の多い部分と欠けた部分をテレビが感知し、欠けた部分を補充するために勝手にスイッチが入り、お茶を飲んでいるうちに埋めてくれます。

さらに進んで、テレビに映ったものを押し、ふたを開けたら欲しいものも食事も出て来るようになります。こうなったら、衣食住はすべて只。ドラえもんの世界が現実になります。ここまで来たら、言うことはありません。徐々に、少しずつ世の中は変わっていきます。

最後に重要なことを特記しておきます。宇宙には「勉強」は存在せず、「遊ぶ」しかないのです。

祖の教育は、勉強と学習の「学」をすることでした。

「学」とは、ハードウェア＝脳＝記憶のことです。しかし、この分野はこれからコンピューターに代わりますので、人間には不要になります。

皇の時代に備えて必要なのは、学習の「習」の分野を育てる「習育」です。

「習」とは、ソフトウェア＝心で閃く、心で思うことが大切で、人間にしかできない分野です。習は自分のための習、つまり、自分が一番やりたいことだけやっているので、他人から点数をつけて貰う必要がありません。

祖の教育のように記憶をしていると、心が働かなくなります。

心はコンピューターに置き換えることはできません。そして、コンピューターソフトは心が動く人しか使いこなせなくなります。

従って、良く話題になる、人間は将来知能ロボットに使われるのではないか、という疑念は不要です。使いこなすのはあくまでも人間です。知能ロボットといえども、創造力はありません。

「習」とは心でするものであり、創造力、閃思を発達させることで、人間しかできません。樂しくて楽に習うことで、何回も何回も習うことをいいます。

「習」の文字の「羽」とは、はばたくことで、「習」とは、まだはばたく前の未熟という意味です。

習の最終目的は、「羽」はばたくことです。

習を重ねることによって、不安なく羽すなわちはばたけるのです。

そして、「羽」＝魂職に就くことを意味します。

「魂職」に就くことで、やっと「最終の自立」ができることになります。

魂職とは

魂職とは、自分がウイルスのときから動物を経て、人間になってからもずっと同じことを十数億年やり続けているものです。生まれてくるときに、魂心というところにある自己プログラムに刻まれています。このプログラムは肺に入っています。

原生命対誕生から学習が始まります。ウイルスは地球に誕生すると、いろいろな人にくっついてみて、そこから自身の天分を見つけます。海中で家を作る魚は大工になります。これはヤドカリとか、自分の家を見つけてもぐります。そういうものがどんどん成長して大工になっていくということです。

こうして人間になるまで十数億年と同じ魂職（魂に刻まれた自分だけの天職）を続けながら、だんだん進可していくうちに、幅、量、質が大きく広がっていきます。

つまり、十数億年の輪廻轉勢の繰り返しの中で、ずっと同じことをやってきたものですので、努力して身に付けるものではなく、きっかけと少しの手ほどきを受けるだけで、すぐできてしまう、というものであり、やればやるほど元気になるというものです。

ちなみに、万人の魂職は遊びで、何十年続けても樂しいこと、疲れないことが条件になります。

今迄の祖の時代は、自分の魂の己彔はほとんど使われることはなく、魂職に就ける時代ではありませんでした。

しかし、これからの皇の時代は、自分の魂の己彔に基づいて生きる時代になりますので、すべての人がこの魂職に就き、役目を果たすことができる時代です。この職に就きますと、自分にしかできないことをするわけですから、誰とも競争する必要はありません。また今迄のように上下関係も存在せず、すべての人が平等です。お互いが我が途を行けばいいのです。

そして、私たちは生まれたときからそれぞれ自分固有の波導を持っています。

一方、職種にもそれぞれ固有の波導が決まっていますので、生まれながらに自分の波導とピッタリあった職種、つまり魂職は自動的に決まっているともいえます。

加えて、もう一つ地球上の土地にも各々固有の波導があります。そのため魂職に就けば、その波導に合った土地に住むことになるのです。まとめますと、「自分固有の波導＝魂職の波導＝住所の波導」ということになります。波導はプラス一〇〇からプラスマイナス〇、そしてマイナス一〇〇まであり、その間はさらに細かく分かれていま す。

ここで注意してほしいことは波導というのは、「質的」なものであって、マイナスだから悪くて、プラスだから良いということではありません。さらに、高いから優れていて、低いから劣っているものでもなく、高いから偉い、低いから偉くないとか、上下関係も一切ありません。

今迄、たとえばマイナス五〇の仕事をしていた人が、魂職でプラス八〇になったり大きく波導が変わったりする場合があります。この場合、本来は波導がプラス八〇の波導の人が、今迄は波導が活かされず、自分に合わない仕事をしていたため、仕事とは辛いものという概念が生まれてきたのだと思います。このことは多くの人に当てはまることでしょう。

前にも書きましたが、魂職は自分にしかできないものですから、人に教えてもらわなくても努力しなくても、ほんの少しの手ほどきがあればできるのです。

魂職が見つかる時期

これから皇の時代に生きる人は、誰でも必ず一つの魂職を持っています。魂職が見つかる時期は、それぞれ異なりますので、焦る必要はありません。これから未知の多種多様な職種が出てきます。

知能ロボットの時代ですから、今迄やってきたことは皆それに置き換えられるのです。そうすると皆様は人間の職業を奪われると思っています。けれども、そうではなくて知識の部分とか、単純労働とか、過酷なものはロボットに任せて人間は創造力の世界を担当するのです。

人間のステージが一つ上に上がって神の役割をしますので、職種もガラッと変わると思います。ですから、今ある中で考えても、皆消える職種ですから見つかりません。新しく出てきた中に〝これだ〟と思うものが必ず一つはあります。

焦って見つかるものでもありません。まだ見つかっていない人は、これから新職種がたくさん出てきますので、その中にあると思います。人に見つけてもらうものでもなく、自分にしかわからないものです。

私もずっと探し求めていたのですが、「天縄文理論」の研究という職種はなかったわけですから、その時代に探しても見つからないわけです。それで、前の仕事がちょっと嫌になって、ぶらぶらしているときに出合えたのです。

これだったらお金持ちになるぞとか、これだったらカッコいいなとか、これだったら得かなとか脳で考えると、だんだん慾の塊になり、ズレてしまいます。条件を満たし、時期が来たら、自分が意識せずに気が付いたらそこにはまり込んでいた。はまったら最後、抜けられないというものです。

まず魂職が見つかる時期について書いてみましょう。

たとえば、あなたが会社を解雇されたとき、あなたはどうしますか。「あっ、良かった!」と喜びますか。それとも不当な解雇だとか、会社に文句を言ったり、法的手段を使って闘いますか。

あるいは、今迄の仕事が嫌でたまらなくなったとき、体調が悪くて長期療養となったとき、あなたはどうしますか。または、いじめやセクハラ、パワハラに遭ったり、嫌な所へ飛ばされたり、窓際に追いやられたり等々、何らかのトラブルがあった場合、あなたはどうしますか。

それでも何とか、今のまま続けたいですか。それとも退職を考えますか。もちろんこのような問題に直面した場合、家族構成や経済問題などそれぞれ条件によって選択できる範囲が決まってしまい、自分の自由にはいかないという人もいるでしょう。

しかし、ある意味で、この選択が運命の分かれ途になるかもしれません。なぜなら職場において何らかのトラブルが発生するということは、ここは、あなたが居るべき場所ではありません、他に魂職が用意されています、という自然からのサインですので、まずは喜んでください。

不当な解雇だとか言って訴える人もいるのですが、そうではなく、全部、自分に必要だから良いことが起きていると思ってください。自然を味方につけるということです。しかし、ほとんどの人は今起きていることが自分にとって思わしくないこと、悪いことが起きたと思ってしまうのです。

それは、自然を敵に回していることなのです。全部自分に必要なことだから起きている、良いことしかないと思い、解雇されたら「ああ、ありがとうございます」と喜んでください。

なぜかというと、「あなたにはほかに居場所がありますよ」「この途ではありませんよ」ということを自然が教えてくれているのです。ですから、文句を言って訴訟をするのか、それとも喜んで別に変えるのか。そこが人生の分かれ途になるのです。

間違っても、会社やいじめた人に対して文句を言ったり、悩んだり、落ち込んだり、世間体を気にしたり、あるいは、辛抱が足りないのではないかと自分を責めたりせず、今迄の常識は頭から外してください。

なぜなら魂職は今迄の常識の外にあるからです。せっかく自然があなたのためにセッティングしてくれた大切な時期を把み取ってください。いろいろ迷って、どうしても決心がつかない場合は、とりあえず続けてみてはどうでしょうか。その際、人に相談しないこと。アドバイスを受けた人の途に入ることになります。「これだ」と思うものは、自分にしかわからないのです。なぜなら、本当に嫌になって自分の限界まで来たら、迷うことなく自分で判断し納得した結論が出せるからです。

今迄の時代というのは人に頼って、人の意見を聞いて、人にどういうふうに見られているかということを気にして生きる時代でしたので、その癖がまだついているのです。自分の心が外に出てしまっていて、心が自分の中にないのです。

自分を信じて、自分に正直に好きか嫌いかで生きていると自分に味方してくれる見えない世界では、卌奴という生命対が九〜二〇〇万体ついています。自分一人ではなく、秘書のように自分のためにだけ、夜も昼も、休まず働いて応援してくれていますので安心してください。

人に相談して決めると、後で「こんなはずではなかった」と、人のせいにして責めたり、恨んだり、後悔したりすることになるのです。納得しないまま、人の意見で動いていると、あのとき辞めなければ良かったとか、親がどうしたからとか……。必ず後悔することになり、自分の人生を歩んでいないのです。

あくまでも自分が主体です。また、会社を辞めるときに注意することは、次の働き場所を見つけてから辞めることは、できるだけ避けた方が良いでしょう。なぜなら、これをやると魂職に就けない可能性があるからです。今迄の仕事を辞めたとき、しばらく何も考えず、頭を空っぽにしてのんびり、ゆっくり休養することが大切です。実証済みです。私も何にも考えずにゴロゴロ遊んでいました。

どれくらい休むかは人によって異なります。なぜかといいますと、今迄やっていた仕事の波導を消し、ゴミをきれいに洗い流し、あなたの波導に戻すための浄化期間と考えてください。

たとえば、その期間が数週間、数カ月、数年、十数年とかかって戻る人もいるでしょう。なぜなら、地球がプラスの星になるのが二〇二三年です。けれど地球の銀河系から始まり、私たちの住む系は一番下で遅く、十二年後にプラスになります。二〇三五年から少しずつ、幸せ産業が出て来るでしょう。

一旦ご破算にしないと魂職には就けません。そうして休養しているうちに、なにか無性にやりたいと思うことが出てきたら、とりあえずやってみる。少しやってみて「違うな」と思ったら辞めればいいのです。そうして自分が好きな生き方に徹したとき、思いがけないきっかけで目の前に魂職が現れるはずです。

波導がぴったり合うものが魂職

私たちは、生まれながらに固有の波導を持っています。また、職種にも独自の波導があります。さらに土地にも特有の波導があります。つまり、自分の波導に合った職種が魂職であり、魂職に就くと自ずと住む場所が決まるようになっているのです。

たとえば、今迄波導プラス七〇くらいの職種をやっていたとします。魂職が今度はマイナスの九〇とします。ここからいきなりは落とせない、徐々に徐々に……。その間を、ブランクを開けないといけない。今迄の職種と違いすぎるとその人は長くブランクを開けないといけないのです。逆にいえば、近いところでやっていた人が上下するにはそんなにかからないという意味です。

私の場合、今迄の書く仕事の内容が私にはちょっと合わないなと思い、遊んでいました。そんなとき、初対面の方に誘われて行ったのが小笠原さんの講習会でした。話を聞いた瞬間、「これだ‼」と魂が喜ぶのを感じ、鳥肌が立ちました。講習会の後、食事の席で小笠原さんから、「この理論の本を書いてください」という話になったのです。けれど、本当に書けるかどうかというのはわかりませんでした。そして小笠原さんが亡くなられた後、皆さんから依頼され、書いてみたら書けたということで、本当に努力とか苦労はしていません。

魂職とはこういうものです。今迄と同じ職種に就く人もいますし、全く違う人もいます。

たとえば、医師から銭湯のボイラーマンになった人もいますし、コンピューターのプログラマーから農業に転職した人は結構多いようです。もちろんこの場合、働く場所も変わりますから、移住する人も多くなるでしょう。

魂職に就く条件

それでは次に、魂職に就くにはどうすれば良いか。条件を述べます。「好きなことを樂しく……楽に……」そんな生き方がこれからの生き方」ですが、その意味は、こうです。

①好きなことをする（自分の心にピッタリの途）
②樂しく（自分の脳にピッタリの途）
③楽に（自分の体にピッタリの途）

④利益が伴う（自然に優しい途。自然が認めている途）

ということです。

利益についてはハード的利益とソフト的利益があります。ハード的利益とは金銭収入です。ソフト的利益とは自分が思った以上に他人が喜んでくれるかどうかです。この両方が揃って「利益」といいます。

ただし、例外があります。今は時代の転換期ですので、時代の最先端の先駆的な魂職（たとえば研究など）に就いた場合、利益は伴いません。先行してやったものは損するだけです。

私の場合もそうなのですが、研究費はどんどんかさんでいきます。ですが、研究というのは何十年も先行していますし、世にもまだ出ていませんでしたので、その分のお金というのは自分の持ち出しです。

けれど儲からないから辞めようかなとか、変わりたいなと思っていることは魂職ではありません。利益など一斉関係なく、はまったら最後、抜けられないというものがその人の魂職です。

他人に対して、自分がそれをすることによって、人が樂しく、喜び、愉快になるかと考慮します。

自然に対して、自分のしていることが、自然にとってプラスになるか。今迄は破壊の文化でしたので、仕方がないのですが、これからは創造の文化ですので、破壊せず創造していくという時代です。

魂職に就いたら先見性が養われ、アイディアが噴出してきます。お金、もの、名誉、地位など、頭の先に少しでも存在したら、魂職には就けません。

とにかく好きでたまらない、樂しくてたまらない。それをやっているときは、無になる。生きることに何の不自由も起こらない……。というものです。

たとえ、壁にぶつかったとしても、知恵を出したら何とかなる。何とかならないのは魂職ではありません。

大切なことは自分に正直に生きることです。心の中から出てくる思い通り、本音で生き、「やりたければやればいい、嫌ならやめればいい、何もなくてもいいじゃない、最悪死ぬだけ……」というような気楽な気持ちで泰らかにいてください。

さらに、素晴らしいことは魂職に就いたとき、自然が認めてくれることです。自然が認めると、元手がゼロであっても、人間関係は全くなくても、すべて自然が準備してくれますので、自分から求める必要はありません。なるべく銀行の融資は受けないで始めること。自分が持っている自分の今の器でやりたいことをやります。

今迄は箱モノが立派だとなんとなく見栄えがして、すごい会社だと思われました。箱モノが大切だったのですが、今は三畳一間でも良い。内容が大切なのです。この本を書くのも、五十年以上経っている古い狭小の家で書きました。

また、魂職はやればやるほど樂しくて元気になるというものです。それも私がこの本を書いたときに得た快感で実証済みです。

疲れたら魂職ではありません。私の場合、それまでは本当に、死んでいるのか生きているのかわからないというような状態でいました。それが、「書いてください」と頼まれてから、書けるかどうかわからないからということで、メモのように書いていったのです。気づいたら理論書で、二〇〇字詰の原稿用紙が千数百枚になっていました。

ノートも資料（テキスト）もたくさんあって、嘘のものもたくさん入っています。本物かどうかを見分け、間違いないと思うものだけを選んで書いたのですが、三カ月くらいでできたのです。これは、自分の能力だけでは無理。ワインという宇宙の神よりもずーっとずーっと上の方の信号がつながって書かされた……という感じです。

魂職が見つかったらどうするか

①魂職に就いたら、相手から依頼があるまで待つことで、自分から仕掛けないこと。売り込みはせずネット上に「私は何々をしています、これはいくらです、ここに振り込んでください」というだけでいいのです。値段は区切りの良い値段にしましょう。
②他人の真似をしない。自分独自の独創性を出す。
③他人に気を遣わないこと、他人に気を遣うと、他人の途に入ってしまう。
④借金をしないこと。
⑤家の内外、身なりを清潔にすること。
⑥物は寿命まで大切に使い切り、使えるのに買い換えないこと。
⑦お金儲けのためだけに働かない。これをすると自分自体が駄目になってしまう。
⑧自然や世の中をよく視聞して行動すること。
⑨何が起きてもすべて自分に必要だから起こるという思考をする。良いことしか起こらないのだと、自分に自信を持つこと。
⑩何があっても気にしないで気楽にやること。真剣に生きないこと。

⑪できるだけ他人に頼らず、自分を頼ること。何が起きても自己責任。
⑫自分が何もしないのに、借家を追い出されたり、家賃を払っているのに追い出されたりしたら、言われた通り従い、引っ越すこと。そこは自分にとって適正な所ではないということを、自然が教えてくれている。
今迄の常識で判断すると不条理と思うことでも、自然から来るこうした出来事に逆らって文句を言っていると、自然がせっかく用意してくれた大切な機会を逃してしまい、魂職に就けなくなってしまうので注意することです。

家も自然災害で失った方は、そこはあなたの住む場所ではありませんよ……ということを教えてくれていたのです。しかし、今迄は彌生時代で、土地が大事なので、そこから離れたくないと、しがみついているのですが、自分に起きたことは必要だから、と考えることでそこに気付いて、住む場所を変えていくのが良いのです。
⑬魂職＝遊ぶこと。
人は遊ばない限り能力は出ません。遊ぶことから知恵が出て、学ぶことから知識を増やすのです。遊ぶことでしか知恵が得られません。魂職は十何億年やってきているもので、好きで、樂しく、楽にやっているものというのは趣味みたいなものですから、

趣味がそのまま魂職に移行するという感じです。

遊びには二種類あって、今迄の遊びは「遊び」で、お金を使って減らしていく遊び。これからの「遊び」は夢中になれて何らかの作品を残していく遊びです。

知識量はできるだけ落とし、知恵が出るように、睡眠時間を多くとること。

以上のようなことを心に止めておいてください。

ここで少々気を付けてほしいことは、プラス思考でやらなければいけないと思うことの方がはるかに害になるということです。

まだ地球はマイナスの材料しかなく、プラス思考をしようと思っても材料が無いので、プラスにはなりませんから、脳をなるべく使わないことです。そして大事なことは、何より「②他人の真似をしない」こと。これをやったら魂職ではありません。

先祖がいたときは一人の先祖が、同時信号で同じものを送っていましたので、距離が離れていても、同時期に同種の発明、発見が行われるわけです。発明、発見の歴史を見てもわかると思います。動物の世界も同じです。サルがイモを洗って食べたとニュースになると、どこのサルも同時期に同じ行動をとるのです。

サルにもサルの先祖がいて、サル仲間に同時に信号を送るのです。今もまだ、同一信号は送られていますので、国も企業もマスメディアも一つのものが当たると皆追随して同じようなものを少し変えて出します。

戦争もそうです。戦争好きな先祖が同一信号を送ると、あちこちで同時に戦争が起きています。よくよく冷静に考えると、戦争なんて、何も良いことはないのに、それでも戦争が起きています。

今迄他人の真似ができたのは、このように先祖の了解の下にやっていたからです。ということは、先祖は皇の時代になれば全部消えますので、戦争も、人真似もできなくなるということです。

また、今迄苦労して職を身に付けた、いわゆる名人といわれる人が、どんどん減っています。後継者がいないというのは、時代の流れでこれからは不要ということになります。いくら頑張っても、これは宇宙のルールですので、どうにもなりません。

まとめですが、大切なことは「内から湧き出る思いのままでいい、本音で生き、嫌なことはしない。やりたければやればいい、何がなくなってもいい、最悪死ぬだけ……」そのくらいの気持ちでいることです。とにかく真剣に生きないでくださいというお願いです。

尚、魂職は先亡縁者、冊奴の働きなしには就けません。全部の冊奴が働くことによって、次のようになるのです。

企業が雇用する場合

好き

1雇用主が基本を発信する

2それに対して、この職が好きという人だけを集め

3基本的な説明をする

　樂しい

4一回説明してわかった人だけ

5雇う

6その後は独学

　楽

7独学

8実行

9楽に成果が出る

皇の時代は「原始共産主義社会」（共生主義社会）

皆さんは、「原始共産主義社会」と聞いて、どんなイメージが浮かぶか？　多分、今迄の祖の時代に発生したイデオロギー的なものを想像されるのではないでしょうか。実は今迄本当のことが書けず、同じような意味を持つ「共生主義社会」と書かせていただいていました。

その理由は、まだ目に見えない祖のあの世の一部の方が、「共産主義」という言葉を聞くと、強烈に怒るからです。ということは、その信号に繋がっている地上の人たちが怒るという意味です。

しかし、新型コロナウイルスのお陰で、時代の流れが急速に進み、皇の話が随分楽にできるようになりました。

それで、本当のことをお伝えしたいと思います。

これからの天縄文の皇の時代を「原始共産主義社会」といいます。

しかし、小笠原慎吾さんからは、具体的なことは聞かされていませんでした。

そのため、今回、私なりの読み解きを述べたいと思います。皆さんも各人で考えてみていただきたいと思います。

その前に、少々頭に入れておいていただきたいことがあります。

「商」と聞くと一般的には商売を思い浮かべると思います。

「商」の本来の意味は、自分と環境との間、また、自分の体内でのエネルギーのやり取り全般ということです。

つまり、自分には不要なものを、環境に放出し、自分が必要なものを、環境から受け取る、というプロセスのことです。

大切なのは、まず、自分から先に環境または相手に何かを差し出すこと。「呼吸」というように、自分が先に「呼」＝息を吐き出し、「自分はこういう人間です」と、相手にわかってもらうためのものでもあります。「吸」とは、次に自然から頂いた空気を吸うこと。また、相手がいる場合は、相手が吐いた息で、その人がどんな人なのかを判断できます。そこで息が合えば、意気投合します。

あるいは、「金銭出納」というように、出すことが先になります。

人間を含めた動物は、不要になった炭酸ガスを吐いて、植物はそれを吸収して、光合成で生成した酸素を排出し、それが動物の命を繋ぐことになります。そして、動物が排泄した糞尿は、植物の肥料になり、それで育った植物は、動物の食料になるという循環を繰り返しています。

このやり取り即ち、商いが活発になればなるほど、社会全体が豊かになります。ビジネスの場合、自分が提供するものは、自分の所有物、体力、アイディア、お金、時間、作品等々、何でも良いのです。自分が溜め込んでいても仕方がないものを、他人や環境に与えること。自分は環境に対して何が提供できるかを考えたとき、自然との交流が始まります。

魂職に就くと、好きで楽しくてたまらず、趣味と仕事との区別がつかなくなり、お金を払ってでもやりたいという人だけが、働くようになります。各人が魂職に就くことによって、各人の質の良いエネルギーが高くなるので、魂職に就く人が増えれば増えるほど、人間と自然とのやり取りするエネルギー量が大きくなり、社会全体が豊かになります。

質の良いエネルギー量を高めるもう一つは、人と人との関係においてのエネルギーのやり取りです。自分も相手もお互いがとても楽しいと感じたときに、最高に質の良いエネルギーが発生します。質の良いエネルギーとはすなわち、私たちの人生の目的である「靈的進可」をするということです。

そして、「宇宙の目的」は「宇宙の進可」でもあります。

以上が前段階の説明です。結論に移ります。

改めて、これからの天縄文の皇の時代は「原始共産主義社会」になります。

各々が魂職に就くことによって、質の良いエネルギーを高め、また、対人関係において、自他共に樂しく生きることによって、さらに質の良いエネルギーを発生させることで、各人が靈的進可をし→社会全体で質のよいエネルギーが高まり進可し→宇宙全体が良質かつ高エネルギーで充満されることによって、宇宙が進可するという構造になっています。

これこそが、これから始まる天縄文の皇の「原始共産主義社会」すなわち、共生主義社会の柱です。

なお、共生といっても、たとえば、人間と動物は、今迄のように共に一緒に棲むということではありません。本来、土地の波導に応じて、棲むべき生きものが決まっています。

これからは、人間は人間の棲む場所があり、動物は動物の棲む場所が決まっています。つまり、きっちり棲み分けができるという意味です。動物も皇の動物に替わり、全部野生動物のみで、ペットは無くなります。

人生のリズム

人は誕生から寿命までの間に、何をすべきか、人生のリズムというものが、宇宙の法則、プログラムで決まっています。

1 0〜7歳　童《ドウ》

まず0〜3歳までが一番大切な学習期間で、絶対に手を加えないこと。

たとえば、母乳はできる限りたくさんのゴミを入れるように、不潔な状態で与えるのがいい。よだれが出ている間は、ゴミや毒は飲み込まず、情報だけが入力される。よだれは情報収集のためのもので、大量のウイルスや細菌や毒の選別は脳（視脳、扁脳）でチェックできるようになっている。よだれが止まった時点で、世の中の情報のすべてが、扁脳への書き込みを終了する。唾液は殺菌力が強く免疫力が大きい。7歳以下、あるいは14歳以下で死ぬ運命の子は、大事にしても死ぬ。4歳〜6歳によだれが出なくなったら少し清潔にする。

0〜7歳までは肉體形成、肉體的成長をする時期である。この時期に免疫力をつくる。地上に立つことを習い、地上で生きていく能力を身に付ける。方向付けは、一切してはならない。放っておくこと。言葉は教えてもいいが、勉強は絶対させないこと。脳は肉體をコントロールするところであって、脳を早くから成長させると弊害が起きる。

①寿命が短くなる。

②精心的異常が生じる→デジタル教育をすると、凶暴性、野蛮性、不安定性が増す。

③肉體的異常が生じる→免疫力低下。

② 8〜14歳 放《ホウ》

精心的成長をする時期。好き勝手に遊び呆ける。世の中の諸々を見て回る。精心的に放っておく↓遊ぶ↓心が成長↓思い閃きが成長する。この時期が一番大切。わがままで好奇心旺盛でいろいろなものごとを見て回る。ただし自分の身の回りだけ。遊ぶことで一般的基礎学習をする。こうした中でしか学べない。自分で方向性を見つけ、自立することを身に付ける。学校に行きたいときだけ、好きな課目だけ行く。嫌なことは絶対させない。他と比べない。子どもにピッタリ合ったものだけさせる。子どものことだけ考えて、親の考えを押し付けない。親の管理は、本人の自由のもとに、子どもが今何をしていて、何を考え、これからどうしようとしているのかを、よく読み取ること。身の危険、部品がなくならないようにじっと見ていること。紐を付けて引っ張るのは縛ること、事後処理は、管理とはいわない。

なお、学校は入学、中間、期末、卒業時の試験は一切なくなる。卒業証書もなくなる。この時期はいろいろなものを身

自分が学習する

③ 15〜21歳 羽

に付けていく。親は子どもの自立、独立の基礎を教える。羽＝親からの自立。学習と知識、専門的学習。職業の学習、学校の学習。大工になるなら大工の学習だけやる。学習はここから抜群に伸びる。英語が喋れず外国へ行くと、勘が発達するから生き易くなる。逆に初めから喋れるようになって外国に行くと、脳がすべて処理するので、勘が働かなくなる。

ところで、現在の母子の関係は異常である。情があり過ぎる。母親が子どもを玩具にしてペット化してしまう。一番縄《タダ》しい育て方は二十歳まで育てたら、子どもが「さようなら」と離れて、一生親のところに音沙汰なしで、戻ってこないのが縄しい。氷のように冷たい愛、本当の愛である。情は愛に付いたゴミである。もちろん本当の愛を発揮するには、すべての人が自立する必要がある。この状態になるには、まだまだ時間がかかる。

④ 22〜28歳 賁《フン》

心身共に美しく着飾ること。異性同性から好かれ嫌われるこ

5 29〜35歳 労《ロウ》

とを身に付ける。対人関係を学習する。
蓺を身に付ける。これからは蓺人、でなければ生きられない。
自由人。
ゲイニンの種類
①弥人《ゲイニン》…苦労して職を身に付ける人。苦労してプロになる。これからは生きられなくなる。
②蓺人《ゲイニン》…魂職に就いたプロ。他人に認められ、自他共に樂しい。これからは蓺人《ゲイニン》でないと、生きられない。
③藝人…芸能人。

6 36〜42歳 徒《ト》

人を見て回る。第二の好奇心。
自分のことは卒業しているので、世の中の環境に対する好奇心、社会環境を身に付ける。世の中にあるいろいろなことを学んでみる。環境＝原因→自分の行動→鐶境（自分の環境）
＝結果

7 43〜49歳 支《シ》

一つのことをやってみる。自分の鐶境を良くすることを、身に付ける。魂職の学習。
（自分のことをするのはここまでで終わり）。

自分が学習する

- **8　50〜56歳　代《ヨ》**　初めて独立する。自立。（ここから人のためにも時間を使う。他人、社会環境を良くすることを身に付ける）。
- **9　57〜63歳　僮《ドウ》**　他人のために物理的なことを身に付ける。（60歳までは学習のための仕事、60歳から本当の仕事をする。けれども、まだよちよち歩きの段階）。

自分が勉強した事を人に教導する

- **10　64〜70歳　稚《チ》**　他人のために精心的なことを身に付ける。自分が完成する。
- **11　71〜77歳　教《キョウ》**　実際に教える。世の中のために生きる。
- **12　78〜84歳　導《ドウ》**　導きができる。
- **13　85〜91歳　艎《ワウ》**　大きな舟に数千人から数万人という大勢の人を乗せて動ける。
- **14　92〜98歳　施《セ》**　自分の舟に乗った人に施しをする。
- **15　99〜105歳　貴**　貴重な存在になる。趣味人。神になるための学習。
- **16　106〜112歳　朗《ロウ》**　樂しく過ごす。

17 113〜200歳 廊

長く続く、樂遊。死の二年くらい前になると死期がわかる。健康で幸せでここまで遊んだらもう地球上ではやりたいことが無くなるので、死にたくてたまらなくなる。死に方は動物のように、誰にも死体を見せずに死ねるようになる。

本来、人生というのは自立すなわち自分が生きている。今迄のように「生かせてもらっている」「〜のお陰」「お陰様で」というのは、恩を着せられて自分の人生ではない。「感謝」も宗教的、天動的発想から出るものである。

以上のように人生にはリズムがあるということですので、参考にしていただければと思います。

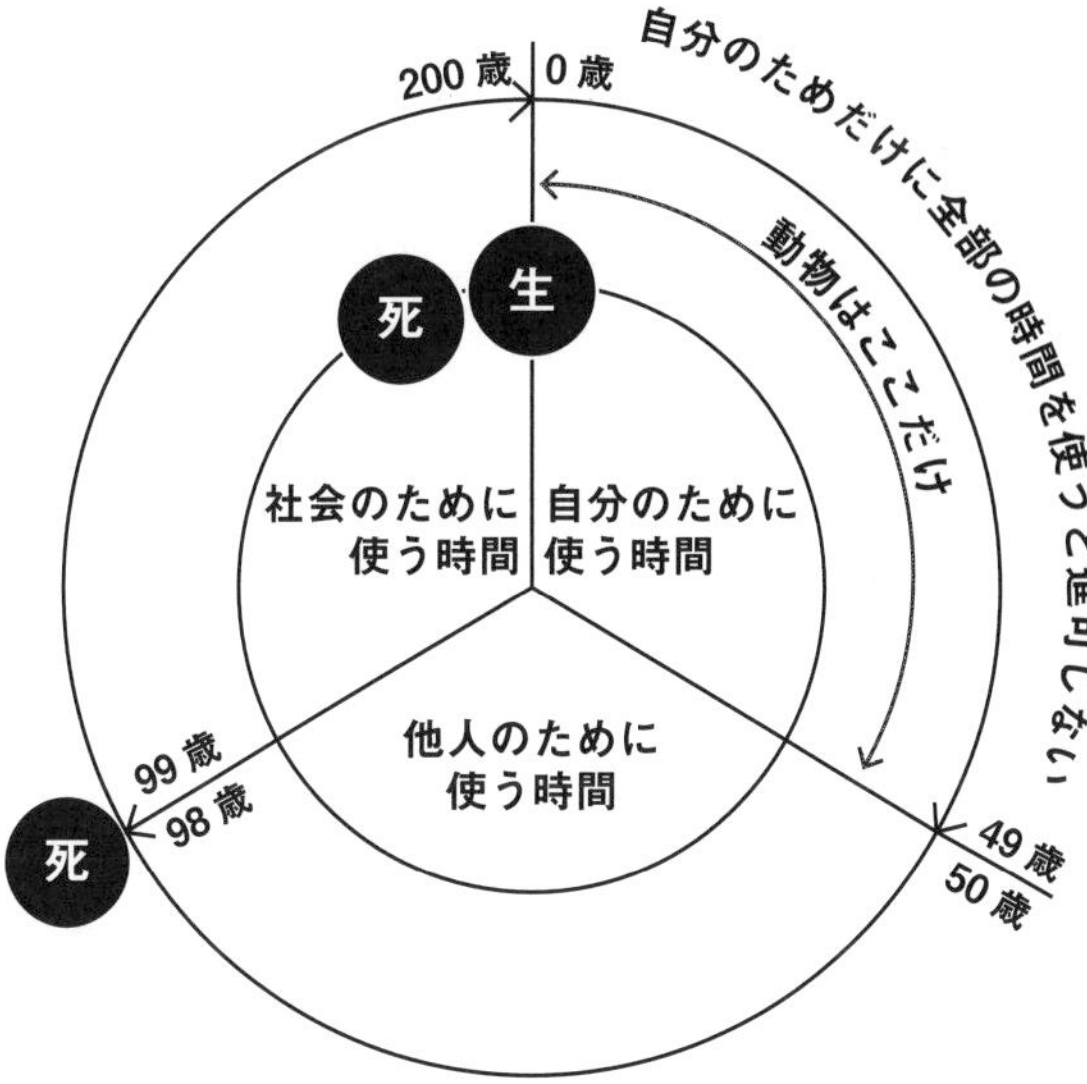
自分のためだけに全部の時間を使うと進可しない
200歳
0歳
動物はここだけ
生
死
社会のために
使う時間
自分のために
使う時間
他人のために
使う時間
99歳
98歳
死
49歳
50歳

図32　人生のリズム

おわりに

最後まで読んでいただき、ありがとうございます。

ここで読者の皆様にお願いです。

本書に書かれていることを、丸々信じないでください。

今迄の祖の時代は「宗教の時代」でした。従って、誰かに頼って、信じて従うという生き方で良かったのです。

しかし、これからの皇の時代は「科学の時代」になります。科学の時代の生き方とは、他人が言ったことばをそのまま鵜呑みにせず、本当にそうなのか、自分自身で実験して、自然をよく視聞して、ズレたら修正しながら生きる時代です。

ただし、実験するには大事な条件があります。「自己責任」がとれる「自立した人」という条件付きです。

本書は自立するために必要なことを書きました。

書いていて気付いたことがありました。それは「共育」はすべてのものこと、すべての人々に繋がっていて、かつ必要不可欠なことであるという発見でした。

本書は皇の時代を生きる人々に、「宇宙のルール」と「生き方」の基本の知識を、できるだけわかりやすく伝えることに心を使いました。

なぜなら、天縄文理論と生き方はセットだからです。理論から導き出された生き方であり、この理論のルール通りに生きるには、この生き方をする、それ以外にはありません。即ち、生きるヒントではなく、生き方そのものです。あとは各個人個人の「絶対的自由」を尊重しながら、各人の知恵で「自立」して生きられるようにと、願いつつ書きました。

皆様の自立の一助になれたら幸いです。

二〇二三年六月吉日

小山内洋子

●著者プロフィール

小山内　洋子（おさない　ようこ）

天縄文理論研究家。神奈川県横浜市出身。出版社勤務などを経て現職。1994年（平成６年）から16年間、宇宙物理研究家の故・小笠原慎吾さんに師事。全国各地の交流会に招かれる。

著書は、一般書として『改訂版　大転換期の後　皇の時代』、理論書として『改訂版　これから二五〇〇年続く皇・縄文時代　天縄文理論』（コスモ21刊）を出版。他に『いよいよはじまる、皇の時代　天縄文理論はどのように生まれたのか』（エムエム・ブックス刊）。

◎ホームページ

https://ounojidaisalon.jimdosite.com/

◎天縄文理論を詳しく学べる有料の動画も配信中。

希望者は「戦略研究所」https://www.st-inst.co.jp にアクセスし、「無料メールマガジンのご案内」の「詳細を見る」をクリック、「新時代の戦略思想」コーナーでメールアドレスを入力して登録をクリックする。

◎エムエム・ブックス『いよいよはじまる、皇の時代
天縄文理論はどのように生まれたのか』

理論研究の根底に横たわる背景や、理論がどのように構築されていったか、がよくわかる。

皇の時代への大転換期
大人のための自立共育

2023年7月18日　第1刷発行
2023年9月5日　第2刷発行

著　者――――小山内洋子

発行人――――山崎 優

発行所――――コスモ21
〒171-0021　東京都豊島区西池袋2-39-6-8F
☎03(3988)3911
FAX03(3988)7062
URL https://www.cos21.com/

印刷・製本――中央精版印刷株式会社

定価はカバーに表示してあります。

ISBN978-4-87795-427-7 C0030